あなたを諦めない

自殺救済の現場から

藤藪庸一
Fujiyabu, Yoichi
NPO白浜レスキューネットワーク理事長・牧師

Forest Books

⑦

⑧

⑨

⑩

⑪

①②⑤⑥⑦⑨⑩⑪＝写真・酒井羊一

③④⑧＝本人提供

①

②

③

⑤

④

⑥

はじめに

「もう誰もおらん」「もう誰にもめいわくかけられへん」。

両親や子ども、親族にはもう頼れない、友人には嫌われてしまったと、彼らは、指折り数え、多くの人の顔を思い出しながら孤独の中にいる。

「疲れた」「もうがんばれと言わんといてくれ」「ずっとこうだった」「うまくいったためしがない」。

彼らは諦めることが多かった人生に劣等感をもっているが、それでも、自分なりにがんばったからもうこれ以上はがんばれないと考えている。

私は、彼らの声に耳を傾けてきた。解決策が見えなくても、そばにいることをやめなかった。ただ一緒に生きていこうと寄り添った。牧師として、これまでに九百五人（二〇一八年十月末現在）と関わる中で、一貫してやり抜いたことは、その人を諦めないことだけだったと思う。

もしも、皆さんの目の前で死のうとしている人がいたら、「やめとけ！　ばかなことをするな！」と止めに入らないだろうか。私がこの活動に関わることになったのは、まさにそのような状況の中だった。

年間二万人以上が自ら命を絶つ日本。孤独と諦めの中で悩んでいる人は、私たちの周りに大勢いる。

イエス・キリストは、悩みを抱えた者たちを拒絶されなかった。できる限り時間を割いて、彼らの求めに応じられた。病を抱えた者にはあわれみをかけ、癒やし、助けられた。

イエス・キリストが、聖書に書かれた皆の嫌われ者の男、ザアカイを訪ねていった話は、助けるためには訪ねて行ってでも関わる、その模範を示していると言えるのではないか。

今こそ、私たちは、良心が問われている。困っている人がいたら助けよう。悩む彼らに、手を差し伸べる者になろう。共に、彼らに希望を指し示すことのできる者になろうではないか。

藤藪 庸一

目次

目次

第一章

なぜこの活動を

良心

白浜町には、三段壁という絶壁があり、命を絶とうとする人が来る。この現実に、江見太郎牧師をはじめ白浜教会は、一九七九年から保護活動を始めていた。一九九九年、牧師の職を引き継ぐにあたり、私にとってこの活動も引き継ぐことは当たり前のことだった。助けを必要としている人がいる。ならば、教会は助けの手を差し伸べるべきだ。伸ばした手を引っ込めるわけにはいかない。

ここで試されたのは、牧師としての使命感でも信仰でもない。神が人間に与えてくださった「良心」だった。アダムが罪を犯してからも、人間から消え去ることのなかった良心こそが問われたのだ。自分にできるだろうか。牧師として、成長するほうが先ではないか。それから再度始めてもいいのではないか。そのような考えが頭をよぎる。

私の周りの人も、賛成よりも反対のほうが多かった。でも、答えはわかっていたのだ。自分の内にある良心は、助けるべきだと語っていた。専門知識も経験も何もない私を、神は、良心をもって導いてくださった。イエス・キリストは、隣人とは自分の意志でなるものだ、と教えられた。「良きサマリア人」のたとえ話（新約聖書・ルカの福音書一〇章二五―三七節）で、強盗に襲われた人を助けたのは同胞ではなく、旅をしていた敵国のサマリア人だった。「あなたも行って、同じようにしなさい」と聖書は語る。このサマリア人は、傷つき倒れた人を見た時、「かわいそう」に思ったと記されている。この心こそ良心であり、私をこの働きへと導いた根拠なのだ。

私が、二人めに助けた人は四十八歳の男性だった。夕方、三段壁に駆けつけた私を「若過ぎる。おまえに話してもどうしようもないやろ」と拒絶し、結局、朝まで何を言っても聞いてくれなかった。私は、そばを離れずに一緒にいただけだった。朝になり、観光客もちらほら来始める時間に差しかかり、私は、「うちに来ないか？」と声をかけた。「本当に行ってもいいのか？」と何度も聞く男性に、「いいよ」と何度も答えた。

何とか家に連れて帰ってきた後で、男性には帰る場所がないことを知り、私たち夫婦は、苦渋の決断を迫られることになった。私は男性に、何度も「うちに来ていい」と言って連れて帰って来たのだ。だから、帰る場所がないとわかったからといって「うちにも住むところはないよ」とは、どうしても言えなかった。この時から、共同生活が始まる。自分たち家族以外の人が、教会で共に暮らすことになるなど考えもしなかった私が、男性をわが家に受け入れることができたのは、まぎれもなく、神がくれた良心が働いたからなのだ。

アイデンティティ

「愛は地球を救う」とは、よく言ったものだ。私は小学生の頃、二十四時間テレビ「愛は地球を救う」の中で、エチオピアとカンボジアの難民キャンプの悲惨な状況を見た。飢餓で一日二万人（当時）の人が死んでいると、報じられていた。

骨と皮になって、お腹だけぽっこり出ている子どもたちの姿や、顔に蝿《はえ》がたかっているのに、振り払う力がない子どもたちの姿は、今も脳裏に浮かんでくる。

自分も何かしなければと、一円玉募金を呼びかける番組の声に導かれて、その時から一円玉募金を始めた。毎月三百円から五百円のお小遣いのうち、十円から二十円を残して後は欲しいものを買う。十円から二十円を父に一円玉に変えてもらって瓶に貯めていく。助けたいと思って始めた一円玉募金だったが、結局は、自分のお腹はほとんど痛まない、欲しいものを我慢するわけでもない、人助けをしているつもりになっているだけの一円玉募金となっていた。一か月、お小遣いをそのまま貯めたら最大五百円、二か月貯めたら千円だ。しかし、何か月も行った一円玉募金で貯まった募金額は、千円に満たなかった。

『ビルマの竪琴』という本との出会いは、ちょうどこの募金をしていた頃だった。毎日寝る前に、父が枕元で読んでくれた本の中の一冊だ。主人公の水島上等兵が、日本に帰りたい気持ちを押し殺して、ビルマに残る決断をする。それは、現地で亡くなった多くの戦没者の供養をするためだという。

私は、この決断に衝撃を受けた。自分の人生を、誰かのためにささげた水島上等兵。私は、その気持ちを想像することはできなかった。しかし、初めは自分にはできない決断だと思っていたが、私はだんだんとこの水島上等兵の決断に憧れるようになった。自分も誰かのために犠牲を払うことのできる人になりたい、と。

聖書の中に、エルサレムの「美しの門」で、足の不自由な物乞いに対して、キリストの弟子であるペテロが言ったことばがある。「私たちを見なさい」「金銀は私にはない。しかし、私にあるものをあげよう。ナザレのイエス・キリストの名によって立ち上がり、歩きなさい」（新約聖書・使徒の働き三章四、六節）

小学校の低学年の頃から、教会の日曜学校に通っていた私は、いつしかこのことばを覚え、このことばが自分に勇気をくれる感覚を感じていた。お金はないけれど、できることがある。イエス・キリストのことを伝えることは、私にでもできる。難民キャンプに行って、そこにいる人を愛して、「イエス様はみんなのことを愛しているよ」と伝えたい。

通っていた白浜バプテスト基督教会では、恩師の江見牧師が自殺の名所である三段壁で「いのちの電話」の活動を行っていた。教会に行った際に、泣いてるおばさんや寝ているおじさんに出会うこともしばしば。実際に、教会で困っている人を助けている状況を見て育った私にとって、イエス様のことを伝え、人を助けるモデルとして、身近に江見牧師がいたのだ。私は、小学校の卒業文集の「将来の夢」に、牧師になると書いた。

今でも私は、時々この原点を思い出す。なぜこの働きを始めたのか。その答えが、ここにあるからだ。そして、落ち込んだり元気を失う私を、今でも励まし、勇気を奮い立たせてくれているのだ。

牧師になりたい
ぼくは牧師になってイエス様のこと
といってまわり、キリスト教のしんじ
ている人をいっぱいつくりたい。
け、してなれなかっても、しってい
ることだけでも、みんなに教えてあげ
たい。
だから、今から、日曜日に教会に行き
教えてもらおうと思う。
日本じゅう全部がキリスト教になっ
てくれるように、がんばってみたい。
ぼくは、みんなからした
しまれるいい牧師になりた
い。
ぼくの友達も、キリスト教にしてい

小学校の卒業文集

小学校の運動会で

江見牧師夫妻

江見牧師夫妻の退任式（1999年）。前列中央が江見夫妻。後列右が著者。右から６人目が妻の亜由美さん

第二章

出会った人々

信頼を得る二つの道

まったく知らない、初対面の人の信頼を得るには、二つの道がある。一つは、無償の愛を示すこと。そして、もう一つは、小さな約束を守ることだ。言ったことは守る。これしかない。

牧師となり、江見太郎牧師から、自殺をしようとする人を助ける活動を引き継いで四か月。七月の暑い日の夕方、「三段壁にいる」と男性から電話があり、私は急いで保護に向かった。それまで、四人の人を保護し、一緒に生活をしている状況だった。当時、私は二十六歳。初めて会った時に、男性は私の若さに驚き、少し落胆したようすだった。それでも、話ができないほどの拒絶はなかった。ただ、ひどく自暴自棄で、人生に疲れ、出てくる感情は社会の不条理への怒りだった。私の話に耳を傾けてはくれるものの、共感はしてくれない。私は、めげずに朝まで粘れば心を開いてくれるのではないかと思って、話し続けた。しかし、朝の九時前になっても、まだ「死にたい」と言う男性に、私は何と言っていいかわからなかった。このまま帰るわけにはいかない。でも説得する術は、もう私には残っていなかった。

「もう帰ってくれ」。ついに言われたことばに、苦しくなった。朝を迎えるまで粘れば、何とかなると思っていた。しかし、「いくら時間をかけても同じだ」という男性のことばに、粘る作戦は通用しなかったとわかった。このままでは帰れない。私は、最後の手段で「もし、もうダメだ、本当に死のうと思ったら、必ず電話をかけてきてください」と切り出した。約束するしかない。「この約束だけ守ってくれませんか。でないと、あなたを一人置いて帰れない」と迫る私に、男性は「わかった」と言ってくれた。私は、この約束を信じるしかなかった。そして、男性を残したまま帰ったのだ。警察に通報もしなかった。男性がもう一度、電話をしてくれるのを待った。一日が過ぎ、二日が過ぎ、心配は募る。もしも、電話してこないで自殺を図ってしまったら、取り返しがつかない。ようすを見にいくべきか。警察に連絡を入れるべきか。

しかし、警察が保護に向かったり、私がようすを見に行って、その男性とばったり会ったりでもしたら、私は弁明の余地がない。男性との約束を信じていなかったということになる。私は、その最悪な事態を想像しながら、電話をくれることを信じるほうを選んだ。四日目、電話が鳴った。「お世話になってもいいですか?」あの男性からだった。私は、飛び上がるほどうれしかった。「電話をくれてありがとう。ずっと信じて待っていたんです」

その日から、再起への関わりが始まった。職安に行き、就職活動に励んだ。本当は、きちっとした服を用意して就職活動をさせたかったが、私たちにはズボンやシャツを買うお金がなかった。十件連続落ちた時、「やっぱりこんな格好じゃダメだ」と、なけなしのお金でズボンとシャツを買った。服装を整えても、現実はそんなに甘くはなかった。二十件落ちた時、男性は片方の目が失明寸前な状態なのを理由に「やっぱり無理だ」と言った。私は「神様は必ずもっと良い道を用意してくださっている」と励ますのが、精一杯だった。私も、疲れ始めていたのだ。三十件落ち、そして四十件落ちた時、私は励ますことばが見つからなかった。しかし、その時男性が振り絞るように言ったのだ。「次、行くしかないですよね」。私は、救われた思いだった。「そうだよ。次に進むしかない」

そして、男性は四十六件目にして合格。ついに、再起の足掛かりをつかむことができたのだ。それから六か月が過ぎる頃、男性の働きぶりが認められて、会社の寮に移れることになった。しかし、男性は、二人目の子どもの妊娠でつわりがひどかった私の妻の代わりに、残って共同生活の食事を作り続けてくれた。いつの間にか、助けた私は、助けてもらう立場になっていた。それから三か月、いよいよ寮に移る日、男性は「自分は、ここで初めて家族というものを知った。自分も神の家族、クリスチャンになりたい」と言って、その年のクリスマスに洗礼を受けた。そして今も、私たちの活動を支え続けてくれている。

好きになれない人

この活動を継いで、これまで六百五十人（二〇一三年一月末現在）を保護し、受け入れてきた。全員のことを、好きになれたわけじゃない。しかし、愛したと思う。一人一人の将来を真剣に考え、幸せを願い、支援してきた。

たぶん、これからも、好きになれない人と出会うだろう。私にとって、それは内なる戦いの幕開けになる。自分の心をどう従わせるか。好きになれない人を、どう受け入れ、愛するか。誰でもそうだが、特に信仰をもっている者たちは、「好きにならなければ」「好きになるべきだ」と考える。私もそうだった。

でも、本当のところ、嫌いなものを好きになるには、相当の努力と時間がかかる。私はまず、自分は、この人のことが嫌いだということを、正直に認める。何が嫌なのか、どこが嫌いなのか整理する。この段階で良い面にも気づく。そして、その人がなぜそんな人になったのかを考える。例えば、ことば遣いや目つき、態度、醸し出される雰囲気、すべてに原因があるはずなのだ。

そして、私に対してだけなのか、人に対してもそうなのかも判断する。第一印象で、自分が嫌われている場合もあるからだ。

二〇一二年のお正月、風変わりな男性を保護した。

支離滅裂な話をし、つじつまが合わない。保護したその日、乗り捨てたバイクを取りに行くと言って、出ていったまま帰ってこなかった。

翌朝、その男性から電話があり、バイクを目の前で盗まれたと聞かされた。駆けつけた私に、「あの車の中にバラバラにされたバイクが入っている」と言う男性。私は、どう考えても、バイクが収まる大きさじゃない車を見ながら、男性がなぜこんなことを言うのか考えた。錯乱しているのかとも考えた。男性は真剣で、警察を呼んでほしいと言う。私は、男性をその場に残し、車で周辺を探す中、数百メートル先に、乗り捨てられたバイクを発見した。男性をその場に連れて行くと、男性は自分のバイクだと認めた。

私は、この人と一緒に生活することに不安を覚えた。しかし、男性は行く当てもない。受け入れるしかないと決断し、彼との共同生活が始まった。

案の定、男性はタバコやお酒を我慢できず、開き直って続けていく毎日を送った。他の共同生活者にもタバコやお酒を配り、風紀は乱れるばかりだった。注意されても、いい加減な返事でやり過ごす術ももっていた。人に嫌われたり、人から注意されることに慣れてしまっている人だった。六十歳を過ぎ、年金をもらっている状況で、就職することも難しく、このままだと生活保護しかない。

私は、当NPO（二〇〇六年にNPO法人として認可された白浜レスキューネットワーク）で始めた弁当屋「まちなかキッチン」で、男性を使うことを決めた。男性の生き方を見て、生活保護では、今までと同じ生活を繰り返すだけだと思った。男性を一生面倒みるしかないと覚悟を決めた。とにかく、彼のその生き方を変えたかった。そのためには、好きだとか、嫌いだとか、言っていられないと思った。たぶん、共同生活をする誰よりも声をかけ、愛し、叱ったと思う。彼は、その私の思いに、よく応えて働いてくれた。一緒に働く中で、日に日に、彼の訳のわからなさはなくなっていった。むしろ、任せられるところが増えた。その年の十月、その男性は、元いた町へ帰りたいと言った。もう一度、出てきた町で暮らしたい気持ちになったのだ。会いたくない人に会ってもいいと思えるほど、元気になったということだ。

この時、男性は、何も言わず出ていくことを選ばなかった。さらに一か月弁当屋を手伝い、引き継ぎをして帰っていった。弁当屋で働いた分の給料は四十四万円ほど貯まっていた。そのうち十九万円を何かあった時のために私に預け、男性は友人を頼ることにしたのだ。ここに来るまでの男性なら、何も言わず出ていってしまっただろう。十か月ほどの関わりで、私と男性との間には、確かにお互いを大切に思う気持ちが育ったのだ。

好きになれないと感じた人を愛する関わりは、まだまだ続く。

助けて助けられて

一緒に食堂を始めることになった男性のことを紹介したい。

三段壁で保護したのがいつだったか、忘れてしまった。でも、第一印象は覚えている。ちょっと薄汚れた感じ。一匹狼的な雰囲気。帽子をかぶって、うつむいて。中華料理店で働いていたというこの男性を、私は、他の人を保護するときと変わらない態度で迎え入れた。

どう受け止めていけばいいかわからないときは、とりあえず連れて帰る。落ち着くまで少しずつ歩み寄れれば、それでいい。男性が一匹狼的な雰囲気なのは、料理人として歩んできた経験からくる自信がそうさせていた。自分の腕を買ってくれる人が、これまでずっといたのだ。

薄汚れた感じがしたのは、交友関係によるところが大きかった。本人は、決してずるくもなく、うそつきでもない、さっぱりした性格だった。

私は、手に職があるので、できればその方向で再起を果たせればと思いつつ、彼の就職活動を励ましていった。

しかし、なかなか料理人として職に就くことはできなかった。年齢のピークを過ぎたと、男性は何度も言っていた。長く共同生活者のご飯作りをしてくれていた女性が自立していくことになったあたりから、男性は夕ご飯の準備をしてくれるようになった。

麻婆豆腐は濃厚でやみつきになる味だった。夕食を作ってくれるようになった男性を見ながら、私の胸の内には、何とか料理人として再起を果たさせたいとの願いが増していった。

そんな折に、NPOセンターの職員からの提案で、補助金を申請して、職業訓練ができる飲食店を立ち上げる話がもちあがった。

神様すごい！　神のお導きだと思った私は、真っ先に彼に話をした。

「料理人として働いてもらうことはできないか？」

まだ就職が決まっていない男性は、私と一緒に夢を膨らませてくれた。何の経験もない私が一つの店を経営するには、助け手が必要だ。そして、今目の前に助け手になる可能性のある人がいる。この人の中華料理の腕を見込んで、彼を中心に店を運営しようと考え、補助金申請をした。

しかし、なかなか認可が下りず、進まない中、男性はついに就職先が決まる。念願の厨房での仕事だった。私たちは、自分たちの考えや願いがありつつも、神様のなさる最善を祈り求めて、どの道もふさがずに準備していたのだ。

しかし、男性は、店が動き出したらそこは辞めるつもりだった。就職面接の場で、上司にもその旨を伝えていた。「動きが出るまで働いてくれ」と言われ、仕事に行くようになった男性を見ながら、私は、神様が起こした奇跡だと思った。こんなかたちの就職なんてあり得ないと思う。ますます私は、この計画が祝福されていくと信じて疑わなくなった。

しかし、私の愚かさゆえに、この食堂の計画を根底から変えていかなければならなくなったのだ。店を構えて店で食べてもらうスタイルから、お弁当の宅配を中心に計画を変更していく中で、男性の期待を裏切ることとなっていく。それでも、男性は店が動き出した最初の三か月を手伝ってくれた。そして、今でも料理の指導に来てくれている。

私は、本当に人に恵まれている。心底そう思う。

いつも、助け手が与えられてここまできた。それはNPOを立て上げる時もそうだった。申請書類を作ってくれたのも、三段壁で保護した人で、彼は元経理部長だった。神様の助けは、いつも人を通して与えられている。

そんな私は改めて思うのだ。私は、神様の助けを届ける人になりたい。助けて助けられて、関わりが続いていく。その日々の営みの中に、神様の奇跡が起こる。私は、その一部でありたい。

必要のない優しさ

「まちなかキッチン」を中華料理店ではなく、宅配弁当屋として始めようとしていた頃のことである。保護したばかりの男性と話した教会スタッフ（伝道師）が食事の時に何気なく言った。「Aさんは、四か月以上、同じ所に居続けたことがないらしいですよ。まずは四か月以上いてもらうことが目標ですね」。私は、「そうかぁ。そうだな。長く関わりたいな」と答えつつも、この手の問題はなかなか難しいぞと感じていた。それでも、何とか

「まちなかキッチン」（旧店舗）

したい気持ちで、どうやって関わっていこうかと考えた。

その男性はプライドが高く、頑固だったが、それをうまく隠す術として、甘え上手だった。「また、そんなことしてー」と、周りがしょうがないなと許してくれる環境をうまく作る。自分のできなさを、認めなければならなくなって、傷つきたくないからだ。四か月以上同じ場所で生活し続けることができないのは、そのような「作っている自分」を演じ続けることに限界がくることと、周りの人が男性を赦せなくなる時期がきて、ぶつかるからではないかと考えた。

キッチンの準備は着々と進んでいて、何人

で運営していくか、どんな役割が必要なのか明らかになってきた。

料理人、配達ドライバー、料理を弁当に詰める人、配達する弁当を箱詰めする人、注文を受ける人など、一人が一つの役割ではなく、複数の役割をもって組み合わされば、人手を抑えることができると考えていた。料理人と配達ドライバー、注文取りは決まっていた。まだ人手が要る。私は、この男性に何か役割を果たしてほしいと思った。自信をつけ、ここに居場所があると感じたなら、ここに居続けながら成長していけるのではないか。結局、私は、弁当にご飯を詰める作業を男性に任せることにした。

男性は、手が遅く、作業が滞る。また、やらされている感があり、ミスも多く、前向きに取り組む姿ではなかった。一緒に働くことになったメンバーからは、キツイ一言が浴びせられることもしばしば。滞在四か月、働き始めて一か月がたつ頃、他のメンバーからは案の定ダメだしが出た。要は、使えないということだった。甘え上手も通用しなくなっていた。そして、本人からも、辞めたいとの相談がもちかけられた。私は、厳しく接することに決めた。今まで逃げてきたわけだから、ここで逃げたらまた同じことだ。

打開策はないか、もう一粘りしてみないか。私は、配達先やご飯の量（特、大、中、小）など、声に出し、確認しながら作業することを求めた。失敗も減り、なおかつ、仕事場としても活気が出て、雰囲気も良くなるのではと考えたからだ。また、他のメンバーにも理解を求めた。とにかく、やり直す最後のチャンスかもしれないから、まだ頑張らせたいんだと説得した。「先生、大変なんやで。使う僕らの身にもなってよ」という他のメンバーに、「あなたも赦《ゆる》されたことがあるだろう。あなたも赦せる人になろう」とチャレンジを与えた。次の日、キッチンには、声を出しながらご飯をよそう男性の姿があった。また、苦笑いを浮かべながらも、その声に答える他のメンバーがいた。一つめの危機を乗り越えた瞬間だった。

しかし、それから二か月がたった頃、男性がご飯を詰める姿は板についたものになっていたが、給料を渡した次の日、突然、彼は姿を消した。失踪したのだ。本来なら共同生活においては、給料をもらってきた際に一万円の小遣いを本人がとり、あとの残りは私が金庫で預かることにしていたのだが、その日、私は給料を渡したそばから小遣い一万円を引いて残りを預かるということができなかった。かわいそうに思えたことと、働いてもらっているという意識が、厳しく接する姿勢をぐらつかせ、やり直させ、自立させるという目的がずれて、必要のない優しさを示してしまっていたのだ。私は、愚かにも本人が立ち直って行く過程に、お金という誘惑をおいてしまったことになる。結局男性は帰ってこなかった。

私は、どこまで関係が深まっても、男性の友人ではなく牧師でいるべきだったのだ。その人の牧師として、その人の成長のために、最善を尽くすべきだったのだ。そこがずれなければ、私は、覚悟を決めて給料を預かることができただろう。この失敗を繰り返さないために、この男性のことを心に刻んだ。

「当たり前」への厳しさ

人に助けてもらうのは当たり前のことなのか。決して、誰も、当然ですとは言わないだろう。しかし、相手が行政サービスならどうだろう？　受ける権利があると言わないだろうか。受けて当然とまでは言わないまでも、もらえるものはもらっておこうと考えはしないか。

私は、これらすべてを否定する。助けてもらって当たり前なんてありえない。それは行政相手だって同じこと。それが憲法で認められている権利だとしても感謝すべきであって、当然のごとく感じているとしたら、人の善意や思いやりを無にしている間違った考えだと言わざるを得ない。教会の中にも、このような問題が起こり得る。

牧師は人を赦し、受け入れて当然。誰でも受け入れるのが教会だ。しかし、そこには、多くの犠牲が伴うことを忘れてはいけないのではないか。

神様が私たちを愛してくださった「わざ」を見れば、明らかだ。神様は、御子イエス・キリストを、十字架に架けるというこれ以上ない犠牲を払って、敵意を捨て去り、罪を赦し、私たち人間を救ってくださった。赦されたり、助けられたりするときには、犠牲が伴うものなのだ。

先日、就職が決まった男性が、仕事を始めるにあたり、これらのものが必要だと、リストアップして持ってきた。スラックス、シャツ、通勤用自転車、整髪料などなど、そして落ち着くためのタバコ。

私は、一つ一つ必要なものと、初任給が入ってくるまで我慢してみてはと思うものを分け、本人と話をした。男性は、生活困窮者一時金など、行政の援助を受けてでも、すべてを整えて仕事を始めたいと言ったが、私は、それはおかしいと、その理由を説明した。まず、すべてが整わなければ、本当に仕事はできないのか？　本当はできるはずなのに、まだ足らないと言う。本来なら、手に入れられないばかりか、今持っているものでさえ失っていたはずなのだ。足らないなりにやっていこうとは思わないのか。

行政の制度は確かにあるが、私たちに丸抱えしてもらった状態で、行政の制度まで求めなければならない状況なのか。少なくとも、給料日には、他の物をそろえていくことができるのだから、それまでの辛抱ではないか。話し合いの最中に男性が言ったことばが印象に残る。

「これからやり直していく者に、これが必要だと本人が思っている物を、すべて整えてやるのは間違っていることなのか。これから受けるストレスを考えれば、始める前にできるだけストレスのない状態を作ってやることも重要ではないか」

そのとおりなのだが、何かが引っかかる主張なのだ。男性の問題は、助けてもらわなければならない状況になってしまった自分の問題は棚に上げていること。同時に、助けてもらわなければやり直せない、助けてくれないなら他を当たりますと開き直っていること。また、助けてもらうしかないのだからと自分を肯定し、自分の望む援助を得られないことに不満をもつこと。最終的に「受けられる権利を行使するのに何が悪い」という節操のない態度に出てしまったことだ。

助ける側には助ける側の理屈がある。援助を受ける側には受ける側の理屈がある。確かにそうだ。しかし、どちらにも越えてはならない一線があるのではないだろうか。

相手を思いやれない気持ちで関わってはいけない。もらったことへの感謝を忘れた訴えや態度（行為）をとってはいけない。どちらも互いの感情を逆なでし、互いの関係を壊してしまうものだと思う。

人の人生に関わるとき、ぶれない信念が必要だ。私は、目の前の人の最善を願って、与えたいけれど与えないほうを選ぶ必要があるなら与えない厳しさをもちたい。してもらって当たり前だと思うなと言える者でありたい。

無理を可能に

一九九五年十一月、私と妻は人生を方向づける決断を迫られた。

白浜教会の牧師室で、後継者を祈り求めていた江見太郎牧師ご夫妻から、白浜に帰ってきて後を継がないかとの話を頂いた。その時に江見牧師が開き、示してくださった聖書は、旧約聖書・エレミヤ書一章五節「わたしは、あなたを胎内に形造る前からあなたを知り、あなたが母の胎を出る前からあなたを聖別し、国々への預言者と定めていた」だった。

小学三年生の時に転校した際にも教会を離れず、一山越えた所から毎週バスで教会学校に通ったこと、六年生の時に牧師になりたいと夢をもったこと、中学、高校時代もずっと変わらなかった献身への思いなど、思い出を振り返りながら、白浜で働くことが神が与えた道なのではないかと話すご夫妻の目には、涙がいっぱいだった。

この日がなかったら、今の自分はないだろう。十九年を経た今になって、改めて祈られていた自分は幸せ者だと思う。

学生時代の著者と後の妻の亜由美さん

二〇一四年、私はエレミヤ書一章に立ち返り、中でも一七節の「さあ、あなたは腰に帯を締めて立ち上がり、わたしがあなたに命じるすべてのことを語れ」ということばを、年間聖句[*1]に頂いた。

私の本分は、神から委ねられた聖書のことばを語ることだ。そのためにこそ、私は存在し、献身したのだ。献身の思いを新たにしている中、雑誌『AERA』の「無理を、狙え！」というタイトルが目についた。表紙をめくれば「無理を超えろ！」。常々、無理だ無理だということばを聞き続けてきた私は、これだ！と飛びついた。

ハローワークまで十五キロ、自転車で行かなければならないという私に、共同生活を始める多くの人は無理だという反応をする。バスか電車か車で送ってもらおうと考えるようだ。暖房も極力使わないようにすることを選ぶのは、以外とハードルが高い。みな暖房をガンガン入れて、薄着をする。お皿洗いも、お湯を使わなくてもいいところでお湯を使う。こういう細かいことでも、それを改めることは無理だという反応があるのだ。嫌いな人とも、一緒にいる。裁かない。好きになれとは言わないが、お互いに気持ち良く過ごせるように配慮することや、礼儀を守ることは当たり前のことではないか。しかし、無理だと言って改善する努力をしない人が多いのだ。

誰でも、無理だと思ったところで留まる。牧師も然り。どこまで生活を神様のため、人のためにささげられるか。

私たちは、自分たちが始めた共同生活を基盤にした活動について、何度となく無理だ、やめたほうがいい、子どもがかわいそうだと言われてきた。

しかし、やってみたら何とかなるものだ。そのために必死で考え、何か方法はないかとチャレンジしてきた。問題を解決するたびに力をつけ自信もついてきた。だから私はこう思う。無理を可能にするのは、覚悟を決めてやってみること、そして、さまざまな問題を受け止め、考えることだ。そして諦めないこと。無理は、本当は無理じゃない。ただやりたくないだけだと。

偉そうなことを言っている私だが、振り返ると、人からの裏切りと失望、そして、自分自身も信頼してくれる仲間を失望させる失敗をして、はい上がるのに苦しむことが多い。何とか乗り越えたとしても、傷だらけ、泥だらけ。

しかし、私の状態とは逆に、神様はたくさんの祝福を下さった。二〇一三年は、年間十一人が洗礼を受けた（うち六名が元自殺志願者）。礼拝出席者は四十名を超えた。年末の礼拝は、なんと五十三名の出席者でにぎわった。「まちなかキッチン」は、新店舗に移転し、月間販売個数は、三千個も夢じゃなくなってきた。私たちの活動は、和歌山県知事表彰を頂き、その他にも二つの賞を頂いた。信じられない状態だ。

ある男性が、教会スタッフ（伝道師）の古畑に対して「あなたが羨ましい」と言ったそうだ。男性は、今は料理人としてホテルの厨房で働いているのだが、週に一度は断食し、聖書を読み祈る生活の中で、献身[*2]を意識し始めたのだ。男性は私に意を決して伝えてきた。「生涯をかけて仕えていきたいと思える方に出会えた」と。

私は、「神様に仕えていくとき、希望の場所で、希望の仕事ができるかどうかはわからないよ」と伝えながらも、一緒に働ける日がくることを夢見て祈っている。

＊1「年間聖句」…多くの教会では一年の初めに聖書のことばを選び、掲げる。
＊2「献身」…キリスト教用語。神のために生涯をささげること。具体的には牧師や伝道師になるこ

とを指す。

最後の砦

二〇一四年のイースターには、三人の男性が洗礼を受けた。一人は、一度は自立して生活していたが、再び路頭に迷い帰ってきた男性。二人めは、近所の警備会社に勤務しているが住む場所がないと相談に来た男性、三人めは、去年の六月、引きこもっていた自宅から電話をかけてきて、白浜までやってきた男性だ。三人とも共同生活の中で聖書に触れ、自分の罪深さを知り、赦しを求め、イエス・キリストを救い主として受け入れるに至った。

一人めの男性は、初めて白浜に来た時、早く自立しなければと、迷惑をかけたくない一心ですぐにホテルに就職、寮に移っていった。しかし、今思えば、傷ついた心が癒やされたわけでもなく、今までの価値観に変化があったわけでもないまま、自分の力だけで生きていく道を選んだに過ぎなかったと思う。しばらく頑張っていたが、人間関係のもつれから仕事を辞めてしまい、再度路頭に迷うことになったのだ。できれば、共同生活には戻りたくなかっただろう。しかし、にっちもさっちもいかなくなって、戻っておいでという私の促しに応えてくれた。

ちょうど、同じ時期に二人めの男性も共同生活に加わった。この男性は控えめな性格で、存在感がないわけではないが、薄いと感じることがあった。

うちに来たのも、自分で連絡をとってきたわけではなく、警備会社の所長さんから連絡を受け、相談にのることになった。白浜町出身だが、白浜町には身内はいないという。親戚はいるが親の代から仲が悪く、疎遠になっていた。仕事と収入はあるので住むところさえあれば、やり直せるから、助けてほしいとのことだった。この二人は同年代でよく一緒に行動するようになった。お互いにいろんな話をしたことだろう。数か月たった時、何がきっかけだったのか、聖書を購入したいとの話が二人から出た。時間があれば、聖書を読み、信仰書を読む二人の姿を見るようになっていた。

祈とう会[*1]では、食い入るように私を見つめ、話を聞く姿があった。話を聞いてみると、教会スタッフの古畑を羨ましいと言った男性から、アドバイスを受けているという。そのアドバイスが的確で、聖書を読んでみようと思うようになったというのだ。もっと話を聞くと、警備会社に勤務している存在感が薄い男性のほうから、一緒に洗礼を受けようともちかけたようだ。もちかけられた男性は、その時はまだ確信がなかったが、誘われたのがきっかけで、さらに求めるようになり、ついに信じてもいいかなと思うようになったのだ。自分の力ではどうしようもない、自分には、神様の助けが必要だと思い至ったのだ。今この二人は、アパートへの自立の前段階の半自立の生活の場である、シェアハウスの住人として、共同生活からは外に出て教会と関わって生活している。そして、十代の男性を共に住まわせ、シェアハウスを生活訓練と位置づけ、共にやり直している。

三人めの男性は、引きこもっていた中から、このままではダメだと思い、勇気を出して電話をかけてきた。受け入れてもらえますかと聞く男性に、私はいつでも受け入れるよと答えたことを覚えている。後にわかったことだが、電話をくれた直前、両親とけんかをして出て行く先がなかったために、どうしようもなく、以前テレビで見た教会を思い出して電話してきたようだ。できれば引きこもっていたかった気持ちも少なからずあったということだ。うちに来てからも、引きこもっていただけあって、人間関係はうまく結べない、できることも少ない、もしかすると、洗濯や皿洗いすらほとんどやったことがなかったのではないかと思われる状態だった。また、我慢がしきれず何度も飛び出した。そのたびに、他に助けを求めては保護されて帰ってきた。結局最後に面倒を見るのはうちだと、何度も伝え続けた。

何度も飛び出し帰ってくる中で、捨てられないことを確認、諦められないことも気づき始めた。自分も信仰をもってもいいのか、神を信じてもいいのか？と問う男性に、私は誰でも神を信じ、受け入れるなら救われるよと伝えた。男性は現在作業所に通いながら、信仰生活を始めている。

＊1「祈とう会」…多くの教会では日曜日の礼拝のほかに、平日に信者が集まり、聖書を読み、ともに祈る会がある。

必ず変われる

「すみません。軽トラ空いてますか」と弁当屋から電話があった。時計を見ると午前十時半をちょっと過ぎた頃だった。十一時半までにあと二回配達便を出すことを考えてもまだ余裕がある。

どうして軽トラが必要なのかと思った私は、「軽トラは使えるよ。でもどうした？」と聞いた。すると、Ａさんが別の男性に腹を立て怒りくるって暴言を吐き、職場放棄して飛び出したというのだ。このままでは時間通りにお弁当を届けることはできない。軽トラを投入して手分けして配達に走った。もともとＡさんは、正義感が強く、筋を通し、正しくあろうとする人だ。ただ、義憤にかられると言えば聞こえはいいが、ずるいことや曲がったことが許せず、直接言ってもわかってもらえない場合、感情を爆発させてしまうのだ。

結果、自分では収まりがつかなくなり、暴言と暴力で人間関係を壊し、仕事も住む所も失うことを繰り返してきた。しかし、この半年、聖書の価値観に触れ、こんな生き方があるならばと前向きに自分の欠点を改善しようと努力してきた。イラついた時に感情を抑えて忍耐強く話をする場面が増えていたのだ。それだけに、今回感情を爆発させ飛び出したと聞き、何が起こったのかと一瞬耳を疑った。感情を爆発させただけで収まらず、飛び出してしまったら過去の二の舞だ。他人の心配をよそに、Ａさんが戻ってきたのは一週間後のことだった。

戻ってきた日、Aさんは、迷惑をかけたことを本当に悔いていた。しかし同時に、出ていく決意を固めていた。今回は本気で変わろうとした。しかし、同じ失敗をした。いくら聖書を読もうが、本気になろうが、自分には変わることは無理だと答えが出たと言うのだ。ここを出ていくために、貯めたお金を渡してもらえないか。これが、Aさんが出した半年ほどの取り組みに対する結論だった。

すべてを投げ出してしまう。責任を放棄してしまう。暴言や暴力より、Aさんの根本的な問題は、こういった選択肢をもっていることだ。どれだけ頑張っても、この選択をする限り、いつも振り出しに戻る。自分の力ではどうしようもない弱さがあっても、失敗しても、諦めずに向き合うなら、少なくとも課題が見えてきて、解決へ向かうことができるのだ。

話し合う中で明らかになったのが、小さな不満がたまりにたまって、いつもイライラしていたこと。今回大きな何かがあったわけではなく、もう許容量いっぱいで、ついにあふれて、爆発したことだ。

ならば、不満が小さなうちにガス抜きできれば、爆発するまで至らないのではないか。Aさんにそう話しても苦笑するだけだが、これで解決への道が一つ見えてきたと私は思った。同時に、私はAさんを説得しながら、Aさんに望みをもたせてくださいと神様に祈っていた。神様は、悔い改め、救いを求める者に必ず答えてくださる。必ず変われる。私はこの信仰に立っているのだ。Aさんは少なくとも聖書に興味をもち、こんな生き方ができればいいと望みをもち始めていたのだ。

さて、人を救いに導く過程では、その人の負っている重荷を一緒に負って支えることが必要である。Aさんの場合、彼を苦しめる感情の爆発と具体的に一緒に向き合い、信仰に至るまでの歩みを支える必要がある。

せっかく神様の前に立っているのに、同じ失敗が本人を失望させ続けている。小まめにガス抜きさせる方法はないだろうか。極力不満をためさせない仕組みはないだろうか。私が考えなければいけないことは、ここにある。声をかけ調子を聞き、何を感じ、何を考えているのか話を聞く。もしも、誤解や間違った考えなどがあるならば、しっかり教える。そして、彼が属する群れの状態や動きに絶えず心を配る。これが私のなすべき役割ではないか。

私を相手に、定期的に愚痴を言ったらどうだ、話をする機会を増やそうという提案に、Ａさんは表情を緩めた。それから三週間、Ａさんは今日も弁当屋で頑張っている。

変える力

紹介したい女性がいる。彼女は、ある年の大晦日、ヤクルト販売員からの紹介で知り合った。長く看病してきた内縁の夫が亡くなり、人生の歯車が狂い始めた。ホテルの従業員として働いて貯めたお金は、すべて看病生活につぎ込み、最期まで看取ったが、夫の親族に受け入れてもらえず路頭に迷うことになった。

年末、一週間食べるものがない状態が続いた時、彼女は朦朧とする意識の中で、近くのスーパーで巻き寿司を万引きしようとして見つかり、警察のお世話になった。身元引受人を求められた時、彼女が頼ることができたのは、週に一度会う、決して親しかったわけではないヤクルト販売員だけだった。

自分のことを「惨めな人間だ。恥ずかしい人間だ」と責め、死にたいという思いを抱えていた。ひとり家に帰すわけにはいかないと、ヤクルト販売員から当NPOへ連絡が入った。もうすでに行政は仕事納めが過ぎ、対応を頼むのも申し訳ないので、うちで保護することになった。

関わり始めてわかったことだが、彼女は、もともと善意の人だ。決して人の物を取るとか、人を不幸にしてでも自分の幸せを望むような人ではなかった。万引きに至ったのは、それだけ彼女が追い込まれていたということだ。

年が明けて、彼女は、行政の協力で生活保護を受給することが決まり、アパートに引っ越した。しかし、七十歳を超えた彼女を雇ってくれるところはなかった。このまま生活保護で生活し、一日中何もすることがないというのは精神上よくない。本人も何でもしたいという気持ちだった。そこで、うちに毎日通い、掃除や洗濯をしてもらうことにした。もともと明るい性格で面倒見がいい彼女は、共同生活者たちから頼られ始め、居場所ができ、死にたい気持ちも薄らいだようだ。

また、彼女は、争いを好まないことから人に合わせることも上手で、人の愚痴を聞いたり、相談を受けたりするようにもなった。この人柄とコツコツまじめに働くところを買った私は、二〇一五年四月「まちなかキッチン」惣菜部門を始める時、その一員として手伝ってもらうことに決めた。一つの事業を立て上げていくとき、チームワークは非常に大切だ。彼女はチームの一員として、持ち前の明るさと面倒見のよさを発揮してくれ、順調なスタートを切ることができた。しかし、しばらくして、彼女なりの和を生み出そうとする配慮や人との関わりが、かえって和を壊していることに気がついた。

例えば、チームの責任者に対する不満が仲間から出たときに、その人の気持ちに寄り添うあまり同意してしまい、責任者への不満がさらに膨らむのだ。さらには、目の前の相手と話を合わせてしまうので、責任者の前では責任者の意見に合わせてしまい、不満を漏らす者の前とは違う対応になり、二枚舌を使っていると誤解され、信用を失いかねない状況を生み出していた。本人は、その場を和ませたいだけなのだ。しかし、このままでは誤解され嫌われることになる。現に、疑心暗鬼になった者同士で衝突も起きた。

何かあると、私たちは最後まで話を詰めるので、誤解が解けて仕切り直しができるのだが、何度も同じことをすると、好意的には見られなくなっていくものだ。彼女には、決して悪意はない。しかし、彼女の身につけている処世術的な、目の前の人と話を合わせていく方法では、本当の和は生み出されず、本人の善意までもが疑われることになる。

ＮＰＯ事業の人員配置を、大幅に変更したことがある。その変更の中に、彼女も含まれていた。惣菜部門での仕事は午後からになり、午前中は洗濯と掃除、共同生活のお昼ご飯の準備となった。彼女は外されたと思ったらしい。しかし、問題を直視し、解決に向けて取り組むために話し合いをもち、今では、毎朝、二人で祈る機会をもっている。今までの生き方を変えられないとはよく聞くことばだ。しかし、神様には変える力がある。彼女は今、すべてを新しくすることのできる神様に期待している。新たに生まれる体験をしてもらいたい。

「まちなかキッチン」惣菜づくり

「まちなかキッチン」弁当づくりの仕上げ作業

第三章

自分の弱さと向き合う

自分を赦す

「庸君、それはあかんやろ」。私は義父にそう言われても、自分が間違っていると認めることができなかった。「その補助金の使い方は納税者として納得いかない」「納税者の立場になって考えろ」とまで言われて、何がダメなのかやっとわかりかけてきたというのが正直なところだった。

ずっと、収益事業に手を出せずにいた。必要はいっぱいあるのに、不得手だとわかっていたからというのもあるが、覚悟が決まらず、チャレンジできずにいた。

それが、二〇一一年春に転機が訪れる。NPOセンターの職員から補助金の話がきたのだ。三百万円の補助金が出る。自分たちで活動資金を生み出すかたちを作っていかないかとの話だった。私はこの話に飛びついた。長年の課題でもある収益事業をついに始める時がきたと思った。そして、提示された計画案に自分なりの色をつけて補助金申請を出したのだ。その申請内容は、食堂を開くというもので、補助金三百万円で店舗を改装して箱物を作った段階で補助金事業は終了、あとは自力で営業していくというものだった。私は、何の罪悪感もなく、この計画で補助金をもらおうと思っていた。法的には何も問題がない。まさに店舗を建て上げるために使ってもよい補助金制度だったのだ。

しかし、利益を出し続けていけるかわからない中、補助金全額をつぎ込んで店舗だけ作ってしまう計画は、身を切るつらさのないお金だからこそ考え出された安易な計画だと、義父から指摘されたのだった。

実は、この時、もう一つの補助金事業（ふるさと雇用事業）も始めていた。三人を雇用し、技術指導者として育て、滞在者の職業訓練も兼ねたTシャツを作って販売する工房を建て上げるというもの。しかし、こちらも同様に六か月間技術指導してもらって、パンフレットなど販促ツールも準備して補助金事業は終了するというもので、そこからは自力で販売していくという内容だった。うまくいかなかった場合、三人には補助金事業期間の雇用のほかは、何も約束できない状態だった。

義父は、この計画に真っ向から反対し、私の考えの甘さを指摘してくれたのだ。「収益事業と言いながら利益の出る計画ではない」「利益を出しながら本当に三名を雇用していけるのか」。私は、義父の指摘に、しっかり答えることもできなかった。結局のところ私は、他力本願で、何とかなるだろうと思っていたにすぎない。この事業の成否について語れるだけのことを、考えていなかった。大きなお金を預かる者としても、雇用主としても、その責任の重さをわかっていなかったのだ。

これが、初めて収益事業に進んでいく私の姿だった。

私が自分の愚かさに気づくよりも早く、Tシャツ事業はすでに始まっていた。機材のレンタルは開始され、三人の雇用も決まっており、工房として活用するための物件も自腹を切って借りていた。やり直したいが、すでに三人の人生を預かり、多額の補助金が動いていた。私は取り返しのつかないところまできている現実に押しつぶされそうになった。もう手遅れだ。ここでやめるとどうなるのか想像もつかなかった。

「きれいな終わり方はない」

確かにそうだ。出るところに出て、自分の愚かさを認めて、信用を失ってもしかたがない。自分はそれだけのことをしてしまった。

「問題は問題として見て、悩みにするな」

しかし、私はどうしても客観的な視点をもつことなどできず、自分の愚かさを思ってただただ落ち込んでいった。

やり直せないなら、そのまま続けて税金を無駄にするわけにはいかない。雇用した三人に正直に話し謝ること、そして県庁に行ってやめる旨を伝え、あとは負うべき責めを負うだけだと覚悟を決められたのは、十一月に入ってからだった。

まず雇用していた三人と話をした。この計画の問題点と私の愚かさ、そして、罰を受けてもやめるつもりであることを伝えた。そして、県庁に行き、担当の職員と話し、自分の愚かさを正直に話した。

「やめて罰を受けます」と伝えた。

一方、食堂を建て上げる計画は、まだ事業がスタートしていなかったことが幸いし、事業規模を見直し、小さく始める計画に立て直した。協力してくれていた設計士さんにも謝罪し、もう一度やり直したいということを伝えて、理解をしていただいた。初期投資を六十万円に抑え、保健所で販売許可を得てからは、周囲のモニタリングを始め、自分たちのできる範囲で中華弁当を販売し始めた。お客さんが増えるごとに弁当箱を増やし、販売個数を増やしていった。内装工事はせず、清潔に掃除をしただけで、ガスや水道もできるだけあるものを使用し、あとは日曜大工の範囲で自分たちで改装していった。初めは四十個のお弁当を作るのに精一杯だったが、五十個、六十個と作っていける実力を徐々につけながら、事業を拡大していった。

この二つの収益事業により、痛みを伴わない補助金だけに、私は自分自身のモラルが問われた。もしも、自分のお金で計画を立てるなら、熟慮に熟慮を重ねて損にならないように細心の注意を払うのではないだろうか。しかし、それが補助金だと、自分の懐は痛まない。だから、損が出ても使えてしまうのだ。もしも、NPO法人を名乗って社会貢献していきたいなら、皆から集めた税金である補助金を、安易な計画で使い損を出すわけにはいかない。それこそ本末転倒であり、社会的損失を招いたことになるのではないだろうか。私は、自分がこの過ちを犯したことを認めた。悪意からではないが、過ちを犯した自分をしっかりと認めなければならない。考えれば、考えるほど苦しく、つらく、落ち込んだ。

二〇一一年十一月、県庁に、ふるさと雇用事業をやめると話しにいった帰り道、私は、県の担当者との会話を思い出しながら、多くの人の期待に応えたい思いと、裏切りたくない気持ちが大きくなっていくのを感じていた。三月までに、精一杯やって何枚売れるかチャレンジしたほうがいいのではないかという思いが大きくなって、新年度の四月から販売開始だった事業を変更し、十二月二十四日販売開始とした。とにかく三か月頑張って売ろう。こうして二つの収益事業は続けられていくことになった。

私たちの白浜での活動は多岐にわたり、一つ一つにかかる労力は、その日その日を乗り切るだけでも精一杯だった。三段壁での自殺防止活動は、年間百人前後を保護し自立させていくほどに広がり、生活自立支援で行っている共同生活は二十人規模に膨らんでいた。自殺予防へ力を注ぎ、幼少期からの教育が大切だと考え、放課後クラブ「コペルくん」の活動は、月曜日から金曜日まで毎日行うようになった。これらと並行して、慣れない収益事業を行っていくことは、想像以上にしんどいことだった。やりたいことはいくらでもある。でも、すべてが中途半端になっていた。結局、周りの人すべてにしわ寄せがいき、迷惑をかける状態だった。

二〇一二年一月六日、NHKの番組「プロフェッショナル　仕事の流儀」の取材が開始された。私は正直、自分が何のプロフェッショナルなのかわからなかった。なのになぜ取材を受けたのかと言われるかもしれないが、取材の依頼がきた時は、まだ何らかの自信があったのだ。

しかし、取材当日を迎えた時の私は、この収益事業の一件で、何もかも自信がもてない、どん底の状態だった。番組最後にある「プロフェッショナルとは？」との問いに、私はその時の自分の決意である「諦めたくない」という思いを語ることになる。この時の私は、旧約聖書の哀歌を読みながら、神様がさばいてくださることを待っていた。正しくさばいてくださる神様は、私を必ず正しい道に戻してくださると信じていた。自分の過ちを考えると、息苦しく頭痛も激しく、吐き気までしてくる。誰かに背負ってもらえるものではない。自分で負うしかないのだ。罪は、裁かれて初めて赦されるものだ。裁かれずに赦される罪などない。だから、逃げては駄目だと自分に言い聞かせ続けた。しかし、今でも苦しくなる。まだまだ奮闘中ということだ。赦してもらいながら歩んでいる。

繰り返す失敗

この男性との出会いについては、全くと言っていいほど覚えていない。三段壁に助けに行ったことは確かだ。しかし、その時、どんな顔をしてどんな話をしたのか、印象に残っていない。うちにいる間もおとなしく静かで、影が薄かった感がある。そんな男性が、一か月ほどの滞在で大阪の土建屋さんに就職が決まった。高速バスで大阪へ旅立つ時、私はバス停までは見送りには行かなかった。ただ、後から聞けば、いつもは誰のことも見送りに行かない男性（まちなかキッチン調理担当）が非常に寂しがり、見送りに行ったということだった。二人の間には通じ合うものがあったのだろう。

それから四か月めの八月、突然その男性が帰ってきた。ちょうど私はお客さんの対応をしていた。牧師室のガラス戸の向こうで手を振る男性を見て驚きの声を上げただけで、その時は特別に話さなかった。もちろん、男性には目的があった。後で聞いた話だが、仕事が契約どおりではなく、ひどい状態だったそうだ。辞める相談を私にしたかったのだ。しかし、結局相談できず帰ることにしたらしい。

その日、事件が起こる。雨宿りで古い空き家に入っていたところを通報され、男性は警察に捕まってしまったのだ。警察から連絡を受けた私たちは、身元引き受け人になることを伝え、男性がいつまで拘留されるのか尋ねた。だが、取り調べがどれだけかかるかわからないとのことだった。

まさか数か月もかかるとは思っていなかったが、二か月以上たって冬に入った頃、男性は共同生活に帰ってきた。いちばん喜んだのは、あの見送りに行った「まちなかキッチン」料理担当の男性だった。男性が警察に捕まって前の仕事を辞めなければいけない状況になった頃から、私は釈放されたら「キッチン」に関わってもらったらどうかと考えていた。そして、釈放と同時にこの相性の良さを生かそうと実行に移すことにした。男性は、大工仕事にも慣れていて、借りた狭い店舗を使いがってのいいようにどんどん改造していった。天井からつり棚を設けたり、壁に棚を取り付け、こんな小さな店舗にこれだけのものが収納できるのかと見る者を驚かせるほどだった。

しかし、この男性が本領を発揮したのは、「まちなかキッチン」を始めて数か月した頃、料理担当だった別の男性がホテルの仕事に復帰した後だった。彼を追って、自分も辞める選択も考えたのではないかと思う。しかし、「まちなかキッチン」に残って、切り盛りしていく側に回ってくれたのだ。

中華料理の経験がある六十代の男性を雇ったがどこか心もとない、そんな中、男性は自分も料理を覚え、料理人が辞めた穴をふさいでいった。そこから一年、男性は「まちなかキッチン」の中心となって助けてくれた。

しかし、一年だった。一年たった翌年に男性は「まちなかキッチン」を去ることになる。最後に言われたのは「もう疲れたわ。先生と一緒に作っていきたかったのに、先生のことがようわからんようになった」だった。

確かにこの一年間は、激動だった。この男性がいた一年の後半三か月は、新店舗への引っ越しもあった。育てた従業員をどんどん外へ就職させ自立させていく方向のＮＰＯ活動と弁当屋経営の両立の難しさなどなど、男性には苦労を強いた。いつまでたっても経営者として成長しない私は、この手の問題を解決していくどころか、ずるずる先延ばしする傾向にあった。しかし、ここで問題が起こる。男性自身がまいた種で、かわいがっていた二人の従業員の信頼を失ったのだ。本人が思っている以上に従業員側には不満が溜まっていてそれが爆発したのだ。この問題により本人が居づらくなったことは大きかった。「もうイライラしたくないのにイライラする」「こんな自分じゃなかったのに」という男性を、私は辞めてもらうことにしたのだ。引き止めることはできなかった。こうして私は、二人めの頼りにしていた人を失うことになる。

私は失敗を繰り返しているのにもかかわらず、販売個数は右肩上がりで、お店は急成長していく状況に、神様がこの働きを通して私に教えたいことがあるのだと確信し始めている。

小さなことに忠実に

毎月三千個以上のお弁当をコンスタントに売れるようになった「まちなかキッチン」。よくここまできたものだ。これまで三回、料理担当の中心人物が変わった。メンバーも入れ替わり続けている。それでも売り上げが伸び続けているのは、神様の恵みというほかない。

ただ、弁当屋として、その組織の完成度に目を向ければ、本当に神様のあわれみだと言わざるを得ない。まったく完成度が高まっているとは言えないからだ。メンバーが入れ替わり続けたことが原因だというのも、レベルが低い言い訳だ。

例えば、開店前にやっておくべきチェック項目が徹底されない。物の置き場所が定まらない。最低限決めたことを決められた通りにするという、仕事の基本ができないままなのだ。だから、さまざまなところに自由検討が入り込み、初めに確認したことが知らない間に変わっていることがいまだに出てくる。味付けについても、肉の切り方、エビの洗い方、野菜の切り方も、放っておくとだんだん変わってくる。洗い物の時も水の出し方、洗い方、順序など、担当する人によって変わる。空調や店舗の照明、注文の取り方、手洗いの仕方、言い出したら切りがない。新しく加わる人が、そのつど教えてもらっても、教えてくれる人が変わるたびに教えられる内容が変わるので戸惑い、結局、またその人なりの方法ができ上がってしまうのだ。

私が間違ったのは、なかなか仲良く仕事ができず、すぐに諦め、やる気がなくなるメンバーを働き続けさせるために、和を求め楽しく仕事ができる環境を整えようと、決められたことを決められたとおりすることを、優先順位の一番目からずらしてしまったことだ。

また、慣れない仕事をする者をおもんぱかって、できないことを助けてしまうのも、今となっては害だった。時間に追われる出荷作業を思うと、気づいたところがあっても、時間を割いて教えてやり直しさせるよりも、自分が手を出して助けてしまう。これらは、優しさであったり、ありのままできないその人を愛し赦す行為だと思っていたが、本当は、その人のことをダメにしてしまっている行為でしかなかった。いつまでたっても問題解決にはならないし、その人自身、変わらないままなのだ。

私は、自分の意識を変えなければならなかった。自分の意識をまず変え、良い管理者にならなければ、他の従業員の意識は変わらない。妻の父に指摘されたポイントは、衛生面と整理整頓だった。

ある夜、義父の指導のもとで店舗側のカウンター内側の棚に入っているものを全部出してみた。すると、本当に必要なもの、ここに置かなければならないものは、それまで置いていたものの三割以下だった。また、コーヒーのミルクと砂糖の在庫を見てみると、ミルクはあと五人分しかない中、ガムシロップはまだ封の空いてない袋が三袋もあり、バランスの悪さが顕著だった。

つまり、整理されていないために買い過ぎたり、在庫切れになることに気づかないことが起こっていたということだ。

その次の日の夜、前日には置き場所も決め、確認してあった物の配置についての約束が早くも破られていた。決して悪気はない、ただ意識が低いのだ。無意識に、置き場所に困ったから、ちょっとここに置いておこうということで、そのまま忘れたのだ。しかし、この些細なことが積み重なって、大きな崩れとなる。

「最も小さなことに忠実な人は、大きなことにも忠実である」（新約聖書・ルカの福音書一六章一〇節参照）という聖書のことばにもあるように、小さいことを些細なことだと見逃して、全体をダメにしていくことがある。反対に、小さいことを忠実に積み上げていくことで、大きな成果につながることになる。その週の日曜日、礼拝後、「まちなかキッチン」で働く全員を集めて、このことばを紹介し、些細なことだと思っているその意識を変えていこうと確認した。

売り上げを伸ばしつつ、まず私から意識を変えて、働く者たち一人一人の意識改革を実現したいと思う。

ほんの少しの甘え

信仰をもち、洗礼を受けることで人は変われるのか。私は八百人を超える自殺志願者と関わってきた中で、何度も同じ過ちを繰り返す人を何度も赦しながら、信仰さえもってくれさえすればと、その人の救いを願い続けてきた。

これまでがどんなに不幸でも、今後どんな人生を歩んでも、この世の旅路を終えて天に帰る時、救われた者として、天の祝福を得てもらいたいと思ってきたからだ。よくいえば、この世の人生は苦難があっても、天に帰れば祝福が待っているという希望を語ってきたということだ。

ただ、最近、行き詰まりを感じている。理由は、信仰をもった元自殺志願者たちが、幸せそうには見えないからだ。感謝と喜びのうちにいる時がないわけではないが、人間関係や生活習慣、仕事への取り組みなど、問題が絶えないことから挫折感を味わうことになる。「彼らが幸せに生きていくためには、それまでの生き方そのものを改めなければならない」と、私は活動を始めた当初から、彼らの価値観や人生観、考え方に口を出してきた。そうしなければ、同じ過ちを繰り返すからだ。

しかし、それが、信仰をもつに至った相手には手ぬるくなっていたと思うのだ。信仰をもつに至った段階で、人生に決着がついたかのように、一つの仕事をやり終えた感があり、もう何があっても大丈夫、この人は救われているから、さあ次の人に向かおうと考えていたのだ。

決して、クリスチャンとしての成長のために教え導かなかったわけではない。そうではなくて、意識の強さの問題だ。一種の安心感ゆえに、その人の根本を変化させていくことへの強い思いに、少し、ほんの少しだけ、甘さが出ていたと思う。このほんの少しの甘さが、あと一歩の詰めが足らなくなる事態を引き起こし、手を緩めた分だけの自由が、失敗へとつながるズレを生み出していたのだ。

もう信仰をもって十年近くなる男性が、先日、競馬で全財産を失くした。ここ数年、目立った過ちを犯すことはなく、教会では愛される存在として、椅子の準備など礼拝準備をするときには必ずその男性の姿があった。

聖書をノートに写す日課はずっと続き、その姿を見て、信仰をもつに至った者も起こされるほどだった。しかし、ちょっと見栄を張るところや、都合が悪くなるとごまかすところは直らないままだった。

それでも幸せそうな男性に、私は、彼が働けなくなった後は年金生活に入り、天に帰るまで寄り添い続けていければと思いながら関わってきたのだ。

警備の仕事で入ってくる収入は、すべて管理し借金返済を完了させ、その後は貯金し、アパートへと移ることができたのは、七、八年前。それからは、少しずつ金銭管理を任せるようになった。長らく落ち着いていたので、もう大きな過ちを犯すこともないと思っていたが、想像もしなかった競馬によって全財産を失ったのだ。いまだに競馬に手を出していたということか。

いや、アパートへ移った当初から数年、ここ最近までそんなことはなかったはずだ。しかし、少しずつズレ始めていたということか。

仕事仲間との話では、遺産の話など、まとまったお金が入るとうそぶいていたようで、お金目当てに寄ってくる人もいたようだ。ちょっとしたうそから、引っ込みがつかなくなってしまったのではないかと想像する。

景気がいい話には賭け事が付き物で、以前していた競馬に走ったのだろう。この愚かな選択は、ずっと培ってきた生き方がにじみ出たものだ。根本的なところで変わっていなかったということだ。いかに人が変わることが難しいかだ。

救われるためには、律法主義者[*1]のように行いが必要だとは思わない。しかし、幸せに生きていくためには、生き方や価値観にしっかり働きかけて変化させていかなければならない。改めて、救われて終わりじゃない、この世の人生に幸せを感じてもらうために働きかけていきたいと思わされた。

＊１「律法主義者」…形式主義で、結果的に神の律法に反していた人たち。イエスが生きた時代の「パリサイ人」と呼ばれた人たちに多く見られた生き方。

親の責任

今春（二〇一三年）、息子が百キロ離れた町の高校に入学する。家族を離れ、下宿して一人で頑張ることになる。下宿先を探すのに、私たち夫婦は、息子の信仰が守られるようにと教会を当たった。教会に住まわせてもらったら、日常の中に信仰生活が息づいていると考えたからだ。

息子は中学一年生の時に信仰告白[*1]をし、洗礼を受けた。息子のこれまでの人生を振り返ると、三段壁の活動は大きな影響を与えたと思う。息子が二歳十か月の時に、私は白浜教会の牧師職と三段壁での「いのちの電話」の活動を引き継いだ。それからというもの、常に家に家族ではない人がいる状態が続いた。幼稚園の時、「僕にはおじいちゃんとおばあちゃんがいっぱいいる」と言って物議を醸したことは今でも語り草になっている。多くの人に囲まれ、愛されて、人の中で生きてきたということだ。

二歳下の娘がクラスメートの男の子が学校に通えないという状況を助けたいと「うちで

預かろう」と言った時、息子は家の中に人がどれだけいても、自分の頭の中は誰にもじゃまされない自分だけの場所があるという意味で、「僕は全然平気やで。頭の中は自由や」と言ったことがある。これは娘の決断以上に私たちを驚かせた。里子として迎え入れた男の子を、一緒に暮らしていた時はもちろん、一緒に暮らさなくなった今でも気にかけている。もしも誰かがいなくなった時には、その人のことを心配し、無事に帰ってくるように祈る。天に送る時には涙が出る。良い子に育ったなあと思う。結局のところ、いつも他人が一緒に暮らす生活が、息子の許容範囲を広げ、情を育て、豊かにしてきたということだ。

　今回下宿先を探す中で、教会に住んでいない牧師家族が増えていることがわかった。そこで思い出したのが、神学生時代に修養会[*2]で話し合われた理想の牧師像、牧師夫人像だ。家庭を開放することに積極的だったのは、私と妻の二人だけだった。私たちは二十四時間営業の牧師をすることは当然だと主張した。しかし、家庭を大切にすることを二の次にしたことで、妻や子どもに負担がかかる可能性も否定できない。牧師のプライバシーと牧師家族のプライバシーという分けた考え方が議論の中心となった。

神からの召し[*3]を受けた牧師は、自分を捨てて生活しても、それは召しだと納得できるが、妻や子どもは選択の余地がないというのだ。

例えばサラリーマンの夫と結婚したはずが、その夫が献身して牧師になることもある。妻や子どもは、不可抗力だと感じてもしかたがないのかもしれない。しかし、そうであったとしても、神様はすべてをご存じで道を与えてくださるのではないか。

私は、教会に住む場所があるのに住まない選択には、少し残念な気持ちになる。家族の守り方はほかにもあると思うからだ。いつも私は神様を礼拝する大切さとともに、息子にとって教会が自慢の場所になるように気をつけた。愛情に裏づけられた厳しさと配慮といってもいいと思う。

「はじめ人間自然塾」や「宿題クラブ・コペルくん」(現放課後クラブコペルくん)、教会学校、イースターの野外礼拝、クリスマス会、夏休みの四泊五日のお泊り会など、中途半端な企画ではなく、苦しかったりつらかったり、だからこそ達成感がある企画を打ち出し、息子の友達を巻き込んでいった。同級生の八割は教会に一度は来て、楽しい時間を過ごした経験をもっている。「おまえの家はええなあ」と友達に言われる息子を見ながら、私は教会が息子の同級生の間で、影響をもつ姿を見せてもらった。

プライベートでも、息子に助けが必要な時はすべてを捨てても助けになってきたと思う。時には仕事をキャンセルし、時には保護した男性を一人教会に残して、息子のために時間をとった。学校の行事も、欠かさず行った。息子は、それを見てきたのだ。もしかすると、私たちの活動をいちばん応援しているのは息子かもしれない。

年末、NHK紅白を見ながら、「パパ、審査員席に座れるようになって」という息子に、私は「なにバカなこと言ってんだ」と答えながら、自分は息子のあこがれの存在なんだと責任を感じた。

中学生になって、息子が自分の机の正面の壁に貼ったことばは、「自分の信じる道を生きろ」だ。最後の最後までやり切る人生を送ってもらいたいと思う。

＊1「信仰告白」…イエス・キリストを自らの救い主と信じ、神と人の前で告白すること。

＊2「修養会」…慌ただしい日常から離れ、静かなところで聖書の学びなど宗教的な修養を行うことを目的とした会。

＊3「召し」…神の招きと選び。

諦めない

幼稚園児の頃、「おっちゃんらがおるから私の食べる分が少なくなる」とみんなを困らせた娘が、四月（二〇一五年）には高校生となる。白浜教会牧師を継いで一年目に、神様から授かった子だ。

私たち夫婦やお互いの両親はもちろんのこと、二歳になる息子は、赤ちゃんが欲しくて、妻のおなかを見ては、なでたり頬擦りしたりしながら、ずっと生まれてくるのを楽しみにしていた。早産の心配があった妻は入院することもあり、息子も同じ病室の隣のベッドに泊まったこともあった。共同生活者全員の食事は、もともと調理関係の仕事をしていた男性が、勤め先の寮に移るのを遅らせて、毎日作り続けてくれた。そんな中、二〇〇〇年二月二十六日に娘は生まれた。

名前を「のどか」にしたのは、知る人ぞ知る私が神学生時代に天田繋先生（故人・元東京基督教大学名誉教授、作曲家）につけられたあだ名が「のどか」であったり、結婚前に飼っていたハムスターの名前がノドカだったりしたことなど、それらからとってつけたと思われがちだ。しかし、ほんとのところは、平和をつくりだす人になってもらいたいという願いを込めて「和《のどか》」とつけた。

普通の家庭ではない、多くの見知らぬ人が出入りする家で育った娘は、好き嫌いなどはっきりした性格に育ったと思う。人と一緒にいる力、人を巻き込んでいく力も相当なものだ。はっきりした性格が人との軋轢《あつれき》を生むこともあるが、その軋轢を乗り越え仲間になっていくのだ。

私たちが里親をすることになったのは、娘が小学一年生の時、学校に行かなくなっている同級生をうちで預かりたいと言い出したことがきっかけだ。それ以来、短期長期合わせて九人の子どもをわが家で生活させてきた。今もその中の四人が一緒に生活している（二〇一五年当時）。娘は、その一人一人をビシビシ叱りながら、時に激しくぶつかりながら、受け入れてきたのだ。

その娘が、この四月から家を出て下宿する。これまで子どもたちの間で娘が果たしていた役割は大きなものだったに違いない。これで完全に実子がいなくなるわが家で、里親としての働きも次の段階に進むことになる。娘の穴を補う存在が育ってくるかもしれないと期待している。

先日行われた入試の時に、娘がしみじみと言った。「今までは凜君（兄）に守られてきてたんやなあ」と。

これまで娘が歩んできた道には、いつも兄が先に通った道があった。それを後ろから見ながら、自分の番がきた時を想像し、前もって準備していたのだ。しかし、今回は、兄が遠い町の高校へ下宿して通っているため、身近に高校生活をするようすを見ることができないまま、高校受験を迎えたというわけだ。

私たち夫婦は、長男長女で育った。それだけに、この娘の反応が新鮮で、弟や妹の心理をかいま見た。わが道を行く勢いの娘にとっても、もしかすると、新天地に前準備なしで飛び込む、そんな不安を初めて感じたのかもしれない。ただ、入学する高校は、兄と同じ高校。下宿先は、兄がお世話になっている教会だ。だから、まったく一人きりというわけではないので、娘が感じている不安もすぐに解消されるだろう。

やりたいことがあり、そのために邁進できる環境があることほど、幸せなことはない。チャンスが与えられていることを感謝して、夢をつかむために一生懸命努力してもらいたい。

私は自分のこれまでをふり返って、つくづく諦めないことだと思わされている。できないことも、苦手なことも、諦めず続けることだ。失敗してもやめないことだ。諦めてやめてしまわなければ、悔しい思いをして、つらい思いをして、失敗から何かを学ぶ。そうしたら必ず、歩幅は小さくても前に進む。

娘の成長を願いつつ、実子がわが家にいない新たな局面を迎える私たちも、娘と共にチャレンジの春を迎えている。

家族と友人の結婚式にて

里子たちとともに

第四章

リーダーの条件

リーダーの条件

小学校六年生の時に「将来は牧師になりたい」と思ってから、私は、人を受け入れ愛することを理想としてきた。とにかく赦し、許し、愛するのだと考えてきた。

三段壁での自殺防止の活動を引き継いでからも、ひたすら犠牲を払って忍耐し、愛してきたと思う。だから他人を許容し、良いところを見つけ、関わりを続けていくことに関しては、たくさん経験を積んできたと思う。

しかし、この二年、別の能力を求められ、壁にぶち当たっている。それはリーダーとして人を導くうえで欠かせないものだ。

明確な目標を定め、その目標に近づくために知恵を絞り、問題点を見つけ出し、改善策を考え、仲間を教え導いて、目標を達成させて結果を出す。

そのためには、目の前の人をそのまま受け入れるだけではだめで、足りないところを助けるだけでもだめで、その人を育てなければならないのだ。

それも時間制限がある中で、本人も周りの人も不満を抱く前に、失望しない前に。リーダーの資質ともいうべきこの能力を私は持ち合わせていないようなのだ。

この数年、この壁を越えられずにもがいているといえば聞こえはいいかもしれないが、何も対策を練ることもできず、共に働く仲間を失望させてきた。「先生がどこを目指しているかわからない」「先生が何をどうしたいと考えているのかわからない」と、信頼関係が壊れるまで私はこの問題に気づかなかった。情けない話だ。

ペテロを使徒[*1]として召した（神の選びの意）時、湖の上で、イエス・キリストは言われた。「深みに漕ぎ出し、網を下ろして魚を捕りなさい」（新約聖書・ルカの福音書五章四節）。この時、イエス様は、深みへ漕ぎ出すことはペテロ一人に単数形で命じているが、網を下ろすことは複数形で命じている。漁師仲間でリーダーだったペテロは、夜通し働いた後に、もう一度漁に出る決断を迫られ、仲間たちを連れて沖（深み）へ漕ぎ出し、重くて大変な網を下ろす作業を仲間に課さなければならなかったのだ。

私は、イエス様に従うリーダーだから、このペテロと漁師仲間の関係をモデルに学ぶべきなのだ。

弁当屋を始めて一年が過ぎ、今年新店舗に移転した。この移転が契機となり、改めて、私の指導力のなさが浮き彫りになった。新店舗を整備していく計画やスピード、各自のレベルアップや、問題点の改善など、場当たり的で、成り行き任せで、その日その日を乗り切るだけの仕事をしている状態が続いた。一生懸命働いてきたかもしれないが、リーダーとしてしなければならない明確な目標を示すことや、目標を達成するための問題点を見つけ出し、改善策を考え示していくことができなかった。

三段壁で保護した直後は、何も言わずただありのままを受け止め、愛することが求められる。生活指導などはあるにしても、共同生活をしているときも同じだ。しかし弁当屋に関わるということは、まさに仕事としての責任が発生する次の段階なのだ。

私は、この次の段階に移った人に対して、リーダーシップをとることができていないのだ。助けている側から助けてもらうことも出てくる普通の関係に近づいたとき、私はその人の意地やプライドを最大限認めたいと思うようになり、対等の関係をもちたいと思うようになる。しかし、ここが落とし穴なのだ。

あくまで私は彼らのリーダーであり、指導者なんだということを見失ってはいけない。

私は、ありのままを受け入れるだけのほうが楽なのかもしれない。その人をそのまま愛していると言いながら、そのまま放っておけるから。

しかし、その人のことを本気で愛するなら、良いところは伸ばし、悪いところを自覚させる関わりが必要だ。広げ切った許容範囲を狭めてでも深く関わるべきタイムリミットはもうきている。

これからは、この課題を乗り越えられるかにかかっている。

＊１「使徒」…原義は「遣わされた者」。初期キリスト教において重要な地位を占めた指導者群の称。狭義にはイエス・キリストに直接選ばれ、福音を宣べ伝える権威をゆだねられた十二使徒のこと。

牧師であるということ

この町ではキリスト教会も一つなら、牧師も一人しかいない。町の多くの人が、教会といえば三段壁の活動をしている教会を思い出し、牧師といえば白浜教会の牧師、つまり私を思い出す。

こういう私も、恥ずかしながら東京基督教大学に行くまで、プロテスタント教会に教団教派がたくさんあることを知らなかった。キリスト教会はカトリックのほかに、聖公会やギリシャ正教、ロシア正教があることは知っていたが、プロテスタントは一つだと思っていた。牧師と言えば白浜教会の先代牧師、江見太郎牧師だった。

このような環境にいる私は、牧師となった今ではもちろんのこと、何をしていても牧師として見られる。散歩していても、買い物していてもだ。町内会長や教育委員会委員、社協の理事、お弁当屋さん、NPO理事長、いろいろあっても牧師の藤藪が何かしているとなるのだ。

もっと言えば、私を見て、キリスト教会の牧師像が決まるということにもなりかねず責任重大な話となる。しかし、この環境が私を成長させてきたと思う。

「この土地に根ざす」生まれも育ちも白浜である私は、自分の一生を白浜で終えようと思っている。牧師として生きて、骨を埋めようと思っている。何か別のものになって生きようとは思わない。神は、私を牧師として選んでくださったのだ。何をするにしても、何をしないにしても、牧師としてこの町に生き、証しを打ち立てるためならば、何でもするし、一度始めたことでもやめるべきことはやめる。そうありたいと思っている。

ある時、教会関係者が母に「息子さんは純粋すぎる」と少し批判気味に言ったことがある。母は、牧師が純粋じゃなかったらどうするのかと、この時のようすを話してくれた。

私のとりえは、たぶんこの一点にかかっている。単純に神様に愛されている「愛」を信じている。単純に愛してくださる神様の役に立ちたいと思っている。そして「役に立つしもべだ」と神様に褒めてもらいたいと思っているのだ。

聖書に記されている、荒野にマナが降った時のように、うずらが風に運ばれてきた時のように、ケリテ川のほとりでカラスが毎日食物を運んできたように、神様はすべての必要を満たしてくださる。そしてみこころは必ず成ると信じてる。

もし私が信じられない気持ちを抱えても「主の手が短いというのか」（旧約聖書・民数記一一章二三節）と叱ってくださる。「わたしはイスラエルの中に七千人を残している」（旧約聖書・列王記第一、一九章一八節）と希望を下さる。だから、ただ信じて進む。

しかし、世の中の人は、牧師をどんな人だと思っているのだろうか。

私が、最初の頃よく言われたのが「お酒飲んだらあかんのやろ」「豚肉食べたらあかんのやろ」「毎日お祈りするのか?」「ざんげを聞いたりするのか?」「決まった仕事があるのか?」「お布施で食べてるんやなあ」などなど。要はまったく知らないのだ。

何をしているのかも、何を考えているのかも、どんな生活をしているのかもテレビなどの影響でできたイメージ以外想像できないようなのだ。結局、牧師がそれぐらい身近な存在になれていないということか。それとも、こんな質問をしてもらえるほどに身近な存在になれたということか。

大学在学中に、妻とよく話し合ったことがある。それは「見せもの」になるということだ。自分たちを見て、神様を見てもらえるような存在になれたらと思う。

聖書の中でペテロは「美しの門」で、生まれつき足の不自由な人を見つめて、「私たちを見なさい」と言った(新約聖書・使徒の働き三章四節)。まさに、私たちも「私たちを見なさい」と言える者になりたいのだ。

イエス様は人々の必要に応えた。その求めをしっかりと受け止めてくださった。

世の中の人々に「私たちを見なさい」と言うには、イエス様に倣って、人々の必要に応えていくところから始めていくことだと思う。

何をするにしてもしないにしても私は牧師なのだから。

＊１「証し」…神様から頂いた恵みを人に伝えること。

自分本位な祈りさえも

イエスはその木に向かって、「今後いつまでも、だれもおまえの実を食べることがないように」（新約聖書・マルコの福音書一一章一四節）と言われた。弟子たちはこれを聞いていた。とても理不尽なことだと思う。実のなる季節ではないのに、お腹が空いたからと、葉だけが茂っているいちじくの木をイエス様はのろわれた。弟子たちはこれを聞いていた。翌朝、そのいちじくの木が根元から枯れているのを見て、弟子たちは驚いたことだろう。疑問を感じたことだろう。どうして、いちじくの木は枯れる必要があったのか、イエス様はなぜこんなことをされたのかと。

「先生、ご覧ください。あなたがのろわれた、いちじくの木が枯れています」と言う弟子たちに対して、イエス様はこう答えられた。「神を信じなさい。まことに、あなたがたに言います。この山に向かい、『立ち上がって、海に入れ』と言い、心の中で疑わずに、自分の言ったとおりになると信じる者には、そのとおりになります。ですから、あなたがたに言います。あなたがたが祈り求めるものは何でも、すでに得たと信じなさい。そうすれば、そのとおりになります」（新約聖書・マルコの福音書一一章二二―二四節）

もしも山が動いたら、そして海に飛び込んだら、それを目にする自分は大きな感動をもって神様が祈りに答えてくださったと感謝するだろう。

しかし、ちょっと考えてみると、それはとんでもなく迷惑な話じゃないか。山の持ち主は怒るだろうし、漁業関係者も大変なことになる。山から海までの間に住んでいた人たちに至っては、言うまでもない。しかし、信じて少しも疑わないなら、いちじくの木が枯れたように、山は海に飛び込むとイエス様は言ったのだ。

新約聖書・ルカの福音書一三章七節から九節には、三年間実を実らせなかったいちじくの木を、もう一年世話してみるというイエス様のたとえ話が記されている。本来、イエス様とは自分本位で誰かの迷惑など考えない理不尽なお方ではなく、いつも愛とあわれみに満ちたお方だ。はっきりさせておきたいが、その本質は絶対に変わることがない。そのお方が、実を実らせていなかったいちじくの木を意味もなくのろうだろうか。理不尽な行動をするだろうか。あえて教えたいことのために、いちじくの木を用いられたのではないだろうか。

私たちの祈りは、自分本位なものが多いように思う。キャンプや遠足に行くときには、晴れるように祈る。でも、農業関係者は雨を望んでいるかもしれない。小中学生時代に何度も経験したことだが、早朝までどしゃ降り、遠足の時間には雨が上がり、帰り道で再度降り始めた雨を見て、神様ってすごい！と感謝した。神様は私たち一人一人の自分本位な祈りも聞いてくださっている証拠だ。

イエス様は、いちじくの木をのろわれ、枯らされた後で、山に向かって「立ち上がって、海に入れ」（新約聖書・マタイの福音書二一章二一節）と言われ、信じて疑わなければ、そのとおりになると教えられた。つまり、信じて疑わなければ、この山にも、いちじくにしたようにできるということではないか。心にある思いや願いを神様に素直に祈ろうと思った。

そんなことを考えていた頃、ＮＰＯ総会で、「まちなかキッチン」の働きと同業者の経営に与える影響が話題になった。同業者の中には、直接は言ってこないが、私たちが販売個数を増やすことで、売り上げが落ちていると言う経営者もいるらしい。商売だから競争があるのは当然だ。しかし、他を圧迫してまで稼ぐ必要がＮＰＯに本当にあるのか。消極的な意見もあったが、このまま営業努力を続けていくことが承認された。

私は、神様に事業の祝福を求めてもよいと思っている。他者を排除したり、非難したり、おとしめたりしないなら、後ろめたさがないなら、目的のために確信をもって求めていけばいいと思うのだ。

この二年経営してきて、初めには想像もしなかったところまで成長してきている。手探り状態でもここまできたのだ。神様は私たちの目の前で山を動かしてくださっている。神様を信じていこうと思う。

使命を与えられた者

三段壁で警察に保護されてからうちに来た男性が、昨年末献身の思い（牧師や伝道師として神と人に仕えていきたいという決心）を告白してくれた。来た当初、どんなようすだったかを私はほとんど覚えていない。ただ、人と接することが少し苦手なのかと思う節があったぐらいか。

そのうち、ある面、自信家のようだが能力がそんなに高いわけではない、ゆえにコンプレックスがあるのかなと見るようになった。しかし純粋なところがあり、まっすぐなところも残っていた。プライドがじゃまするのか、スタッフの古畑との関係はあまり良くないように思えた。

しかし、そんな彼が聖書をよく読むようになった頃から少しずつ変わった。就職を果たし仕事に行くようになった男性は、職場の人間関係で悩みながらも、辞めずに耐え続けていた。それも聖書のことばを頼りに、自らの選択を間違えないようにと頑張っていた。祈るようにもなって、その祈りの答えだと感じることをノートに書き留めていた。心に留まる聖書のことばや疑問に思ったこと、考えていることもノートに書き留め、私との信仰問答が始まった。

そんな彼が私にふと漏らしたことがある。「あまねさん（古畑）が羨ましい」。理由を聞く私に、「ずっと先生に仕えていくことができるから」と言ったのだ。その時は、仕事を辞めたい気持ちと戦っているまさに試練の時でもあったので、私はそれを献身への思いだと思いつつも、仕事を辞めてはいけないことを強調しながら、試練は訓練だと教え、この窮地を乗り越えたときを期待していこうと話した。

男性は、「彼女の年齢（古畑は当時二十五歳）でおじさん相手にすごいと思う」「羨ましいから、つらくあたることがある」と話してくれた。新年が明けて、彼の職場の雰囲気が変わってきた。つらかった相手との関係が改善されてきたのだ。私は、ここが転機だと思いつつ、本人の献身の思いがどんなものかを確かめる一年を過ごそうと思っている。

実は、もう一人、年末の教会での食事会の席で、牧師になりたいと告白した男性がいる。その男性は、元教師で、職場での悩みが原因で引きこもり、白浜に逃げてきたという経歴

教会スタッフ（伝道師）の古畑普さん就任式

縁側で打ち合わせ

だった。お金の使い方を見ると生活破綻者的な問題も抱えている人だった。ズルさもある。また自分だけで判断してはいけないところで判断して、かってな行動をとる。指導しがいのある人だ。

しかし、生い立ちや教師になった経緯を聞けば、本当に苦労したようだ。親が当てにならなかった男性は夜学で高校を卒業、お世話になった先生に憧れ、教師を目指すようになった。大学時代も苦学生だったようだ。根性と意志の強さ、憧れなど、目標にするものがあれば、突き進んでいけるまっすぐなものをもっているということだ。私は男性が牧師になりたいと言った理由を聞いた。すると、男性はこう言ったのだ。「藤藪先生のようにはなれないと思います。でも、先生を助けられるようになりたい。今のあまねさんのようになりたい」。私は、「聖書をよく読み、心に留まることばを集めよう。今の思いが神様に祝福されるように温めていこう」と話した。「私も祈るから、きっと二人でこれだってみことばをもらえるよ」と励まし、熱心に聖書を読む男性の姿を見ながら期待している。

この二人の献身への思いを知る中で、二人に影響を与えたのが古畑だということに、私はわがことのように喜びを感じる。この一年間、あることをきっかけに、彼女はもう一度自らの召し（神の選び）と、神に選ばれたものとしてどう生きていくかを確かめる必要があった。昨年（二〇一三年）八月には、辞めて実家に帰ると言い出すほどに落ち込んだ一年だった。本当に神様はあわれみ深く、忍耐強く、召しを与えた者を立たせられるお方なんだと確信を新たにしている。

先日発行を再開したニュースレター「やにこい」には、本人の胸のうちが記されている。しかし、本当に苦しい日々を過ごした彼女を見て、憧れ、「あまねさんのようになりたい」と思って神に仕える道を考え始めた者たちが出てきた事実は、これ以上ない励ましであり、慰めではないだろうか。

牧師の役割、教会の役割

牧師が忙しいのは当然のことだと思う。いつも先頭を走り、新たなことにチャレンジし、教会が地の塩、世の光となるためにすべきことは、全部牧師の仕事だからだ。

この人が教会につながり救われるためにはどうすればいいか、と考えつくことを吟味しながらやっていく。むやみやたらに何でもというわけではない。祈り、神の意志は何かと求めることは当たり前。やってみようかと思いながら温めていることはいっぱいある。

しかし、人も時間もエネルギーも限られているのだ。ただ、新たなことを始めるときに、この三つの条件が完全に満たされるまで待つことはしない。少々の無理があっても、必要の大きさと、やりきる覚悟が決まるかどうか、つまり平安と導きを感じて進めるかどうかで、始めるかどうかを決める。この調子で毎日を過ごす牧師が忙しくなるのは、理解してもらえるだろう。

しかし、牧師の忙しさは、教会にとって良いことばかりではない。教会員に心配をかけ、教会員の求めにすぐに応えられないことも出てくるからだ。そこで、さみしさを感じる教会員も出てくる。そうなると、当然、批判も出てくる。これは、しばしば起こる教会のジレンマだ。

このジレンマに負けないために、神様から与えられた役割を共有し、仕事を教会員にゆだねていくことが必要になる。牧師だけが伝道（布教）し、牧師だけが教会を建て上げていくのではなく、教会員も共に教会を建て上げていくわざに参加することが大事なのだ。

先日、日本バプテスト教会連合中紀地区の集いで、「教会」とは何なのかをもう一度考える機会をもった。

教会とは、ギリシア語で「エクレシア」、招集するという意味だ。新約聖書・使徒の働き七章三八節では、出エジプトの出来事を振り返りつつ幕屋を中心とした集まりを「荒野の集会」と表現し、同じギリシア語が使われている。二〇章二八節には、「神がご自分の血（イエス・キリストの血）をもって買い取られた神の教会」とある。神の子イエス・キリストが命を代価として買い取られた者たちの集まりだということだ。

新約聖書・コリント人への手紙第一に私たちが「神の宮」（三章一六節）だと記されていることからも、私たち一人一人が、そして私たち一人一人の集まりが、教会だという自覚をもたなければならないのだ。

新約聖書・マタイの福音書一六章一八節には、「この岩の上に、わたしの教会を建てます」と、イエスを神の子キリスト（救い主）だと告白したペテロに、イエス様が言っている。

つまり教会は、救い主を信じる信仰という土台の上に建てられる。そして、召し出された者の上に建てられるということだ。この土台の上に活動があるわけだが、教会の働きの原動力は、聖霊だ。教会は、使徒の働き二章のペンテコステ[*1]に始まり、マタイの福音書二八章一八節から二〇節[*2]の宣教命令に従い全世界へと広がった。

教会が行う証しにおいて、愛（赦し）において、わざ（行い）において、一致において（異邦人にも聖霊が注がれた（使徒の働き一〇章四四―四八節[*3]））、旧約聖書やイエス様の教えを思い出させた働きにおいても。使徒の働きに出てくる初代教会は、みな一つになって、一切のものを共有し、財産を必要に応じて分配していた。共に食事をし、民から好意をもられていた。（二章四四―四七節[*4]、四章三二―三七節[*5]参照）。毎日の食事の世話を、初めは使徒たちが行っていた（六章一―七節[*6]参照）。

しかし、祈りと神のことばに仕えることに専念するために、自分たちに代わる七人を選び出し、食事の世話の務めをゆだねた。これなのだ。任務は継承していける。また、使徒たちのメッセージだけではなく、多くの教会員の奉仕によって、各家で礼拝が守られ、証しがなされ、施しがなされ、人々の必要が満たされ、さらに救われる者が加えられていったのだ。

教会が抱えるジレンマは、牧師の召しと使命感が、教会員との間で共有できていることで乗り越えられる。お互いにお互いの必要が満たされるように仕え合って、神様の召しに応えられるようになっていければと思っている。

＊1「ペンテコステ」…「聖霊降臨《せいれいこうりん》」とも呼ばれる新約聖書・使徒の働きに書かれたエピソード。イエス・キリストの復活後五十日目、神からの聖霊が使徒たちの上に降臨した出来事、およびその出来事を記念するキリスト教の祝祭日。

＊2「新約聖書・マタイの福音書二八章一八―二〇節」…「わたしには天においても地においても、すべての権威が与えられています。ですから、あなたがたは行って、あらゆる国の人々を弟子としなさい。父、子、聖霊の名において彼らにバプテスマを授け、わたしがあなたがたに命じておいた、すべてのことを守るように教えなさい。見よ。わたしは世の終わりまで、いつもあなたがたとともにいます」

＊3「新約聖書・使徒の働き一〇章四四―四八節」…「ペテロがなおもこれらのことを話し続けていると、みことばを聞いていたすべての人々に、聖霊が下った。割礼を受けている信者で、ペテロ

と一緒に来た人たちは、異邦人にも聖霊の賜物が注がれたことに驚いた。彼らが異言を語り、神を賛美するのを聞いたからである。するとペテロは言った。「この人たちが水でバプテスマを受けるのを、だれが妨げることができるでしょうか。私たちと同じように聖霊を受けたのですから。」ペテロはコルネリウスたちに命じて、イエス・キリストの名によってバプテスマを受けさせた。それから、彼らはペテロに願って、何日か滞在してもらった。」

＊4 「新約聖書・使徒の働き二章四四―四七節」…「信者となった人々はみな一つになって、一切の物を共有し、財産や所有物を売っては、それぞれの必要に応じて、皆に分配していた。そして、毎日心を一つにして宮に集まり、家々でパンを裂き、喜びと真心をもって食事をともにし、神を賛美し、民全体から好意を持たれていた。主は毎日、救われる人々を加えて一つにしてくださった。」

＊5 「新約聖書・使徒の働き四章三二―三七節」…「さて、信じた大勢の人々は心と思いを一つにして、だれ一人自分が所有しているものを自分のものと言わず、すべてを共有していた。使徒たちは、主イエスの復活を大きな力をもって証しし、大きな恵みが彼ら全員の上にあった。彼らの中には、一人も乏しい者がいなかった。地所や家を所有している者はみな、それを売り、その代金

を持って来て、使徒たちの足もとに置いた。その金が、必要に応じてそれぞれに分け与えられたのであった。キプロス生まれのレビ人で、使徒たちにバルナバ（訳すと、慰めの子）と呼ばれていたヨセフも、所有していた畑を売り、その代金を持って来て、使徒たちの足もとに置いた。」

＊6「新約聖書・使徒の働き六章一―七節」…「そのころ、弟子の数が増えるにつれて、ギリシア語を使うユダヤ人たちから、ヘブル語を使うユダヤ人たちに対して苦情が出た。彼らのうちのやもめたちが、毎日の配給においてなおざりにされていたからである。そこで、十二人は弟子たち全員を呼び集めてこう言った。「私たちが神のことばを後回しにして、食卓のことに仕えるのは良くありません。そこで、兄弟たち。あなたがたの中から、御霊と知恵に満ちた、評判の良い人たちを七人選びなさい。その人たちにこの務めを任せることにして、私たちは祈りと、みことばの奉仕に専念します。」この提案を一同はみな喜んで受け入れた。そして彼らは、信仰と聖霊に満ちた人ステパノ、およびピリポ、プロコロ、ニカノル、ティモン、パルメナ、そしてアンティオキアの改宗者ニコラオを選び、この人たちを使徒たちの前に立たせた。使徒たちは祈って、彼らの上に手を置いた。こうして、神のことばはますます広まっていき、エルサレムで弟子の数が非常に増えていった。また、祭司たちが大勢、次々と信仰に入った。」

手放せない悪循環

限界がきた。仕事を抱え込むことが多くなり、考えることができない。優先順位も判断が狂う。毎日の作業に追われ、全体を見ることができない。たまっていく仕事に息が詰まる思いだった。私は、判断できず指示を出せず、仕切れなくなり、周りに迷惑をかけることが増え、どうしようもなくなって音を上げた。

実は、数週間前から、助けてもらうしかないと考えていた。弁当屋では、自分が手伝わなくてもできるようにしていきたいとスタッフに協力をお願いして、弁当を詰める作業からは手を引いた。しかし、注文取りだけは、できる人がいないからと続けていたのだ。

結局私は、周りから「全部任せてほしい」と、私がしていた作業を全部取ってもらうまで、日々の作業のすべてから手を放すことができなかった。

私は、自分が手を放すと、チャレンジしていたことが失敗だったとされ、すべてが終わる気がしていた。本当は、できない事実を認め、できないところを任せていくことができれば、それで全体が動き、私の意図したことが行え、良い方向に動いたのだ。しかし、音を上げるほどまでに行き詰まり、私は自分はダメな人間だと自分のすべてを否定してしまう自己憐憫に陥っていた。

義父からは「全体を見ることができるように作業から手を放せ、頭をクリアにして考える時間をもてるように、作業は周りに振れ」と言われ続けてきた。

言われていることはわかる。そうしなければとも思っていた。しかし、いざ現場にいると失敗させたくない、失敗したくない思いから手伝いたくなる。余裕があればいいが、時間に追われている弁当屋の現場にいると、どうしても、自分は見ているだけという状況に耐えられず、一緒にやるほうを選んできたのだ。人がいつも足らないことも、それに拍車をかけた。

また、三段壁で保護し、一緒に働いているメンバーは、何もせず口だけ出すリーダーを認めないという考えをもっている人が多い。この意識とどう向き合っていくかも難しい取り組みだった。メンバーの諦めやすく、いい加減になりやすい、そんな傾向とも向き合い、意識改革もしなければならない。しかし、とにかく、私は、一日を回すだけで必死だった。

こうして、本来私がしなければならないことをしていないことで起こってくる問題は、毎日の作業が何とか回っている中では、なかなか表面化してこなかった。

しかし、そこに大きな落とし穴があったのだ。目標や方向性などがずれても、気づかない。私自身まったく意識がそこまでいかない。仕事の質も落ちる。そして、見通しをもった決断ではなく、その場その場でのやりくりを繰り返すことが増え、協力してくれている人たちのやる気も萎えてくる。悪循環が始まっていた。

数か月後、もう無理だろうと周りが動いた。「全部手を放してまずは休め」と決断を迫られた。「休んだあとは、自分にしかできない仕事をしなさい」と言われた。

そして休養の後、私は、簡単に作業を手伝うことができないようにスラックスとシャツで、時にはネクタイを締めて仕事することにした。自分の意識を変え、周りの意識も変えたいからだ。私は私に任された、人を育て神様を指し示していくことがいちばんしたかったことなのだ。人がイエス様を信じる決心をした時ほどうれしいことはない。このためには、話をする時間が必要、それ以上に、私に人の話を聞く余裕が必要なのだ。

先日、福島から私の著書（『「自殺志願者」でも立ち直れる』講談社、二〇一〇年発行）を読んだ男性が訪ねてきた。まだ洗礼を受けていない男性は、自分は弱くて信仰生活が続かないかもしれないと不安を感じていた。私と会うまでは、私を強い人だと思っていたらしい。しかし、悩みの中にいた私の姿は新鮮だったらしく、なぜ苦しみながらも続けられるのかと質問がきた。

私は、自分にも言い聞かせるように、使命感と使命をゆだねられた者としての責任感と諦めない信仰、そして、こんな私も、そして誰もが神様に愛されている事実を伝えた。

焦点はどこか

すべて手を放して一か月。ここまでを振り返ると、私は、心のどこかで休みたい、癒やされたい、ほっとしたい気持ちを抱えていた。しかし、どれだけ時間がたってもその思いは満たされることがないまま、毎日が過ぎていった。何も作業はしていないのに、毎日追われていたことから解放されているのに、まったく心は落ち着かなかった。日々求められる考えて決断することにも答えはするが、自信をもてないままだった。私はできなかった自分、失敗者にとどまり続けていたのだ。自分には神様からもらったビジョンがあったはずだ。そのビジョンを達成するために、自分に力がないなら助けを借りてでも進むしかない。神様に与えられた仲間に任せながら、一つ一つを組み合わせてビジョンへと向かわせていくのが私の役割なのだ。しかし、そこに今度、私の心に思い浮かぶのは、私たちが目指すビジョンは、これだけで本当にいいのかという不安だった。

そんな折、私はオルフォード講解説教セミナー[*1]に参加した。白浜から完全に離れるちょうど良い機会でもあったので、聖書漬けになることを期待して参加した。そこで、一貫して語られていたパウロの伝道姿勢に、私は思い出す熱い思いがあった。

「私には大きな悲しみがあり、私の心には絶えず痛みがあります。私は、自分の兄弟たち、肉による自分の同胞のためなら、私自身がキリストから引き離されて、のろわれた者となってもよいとさえ思っています」（新約聖書・ローマ人への手紙九章二―三節）

このパウロの告白に、私は、自分がずれているところに気づかされた。五月のある祈という会で、私は、会衆に向けて、みなさんは私のために死ねますかと問いかけた。もちろん「イエス様のために」の延長線上での問いかけだ。私は、みなさんのために死ねる者でありたいと語りかけつつも、誰が自分のために犠牲を払って死ぬ気でついてきてくれるかと考えていた。何度もいうが、自分はみんなのために死ねる者でありたいし、そうしてきたと思いつつの問いかけだ。

しかし、パウロの姿勢は自分のために死んでくれる人を求めているだろうか。自分が犠牲になりたいのだ。私は、自分がどれだけ限界で、助けを求めていたのかを知ることになった。私のみんなに対する求めは正当な求めだとは思わなかった。私は牧師としてずれていたのだ。「私は、……負い目のある者です」（新約聖書・ローマ人への手紙一章一四節）、「私が福音を宣べ伝えても、私の誇りにはなりません。そうせずにはいられないのです。福音を宣べ伝えないなら、私はわざわいです。私が自発的にそれをしているなら、報いがあります。自発的にするのでないとしても、それは私に務めとして委ねられているのです。……むしろ、私は自分のからだを打ちたたいて服従させます」（新約聖書・コリント人への手紙第一　九章一六―一七、二七節）、ここに私が立たなければ、私の周りはすべてずれていく。私は全体の害になる。ビジョンに不安を感じていたことに至っては、妻に一蹴された。今与えられているビジョンに全力を尽くせ、今与えられているビジョンが形になっていく時、次に進むべきビジョンが与えられるはずだと。

ＮＰＯ法人格をとっている働きも、私は教会の働きであり、牧師の仕事だと思っている。この活動において、私は自分の立ち位置と役割を再確認しなければならなかった。

作業からは手を放すことができた。しかし、休むこと、癒やされることを求めていては、結局は満足を得たり、自信を取り戻すこともない。私がしなければならない仕事は、神から与えられたビジョンを実現していくための道筋をしっかり見据え、やるべきことに全力を尽くして、全体をビジョンへ向けて一つにしていくことだ。その上で、できないこと、足りないところを学び身につけて成長していくことだ。焦点は合ってきたぞ。

＊１「オルフォード講解説教セミナー」…牧師や信徒リーダーが説教と講解手法を学ぶセミナー。

さらけ出せる強さ

「夏休みといえば『コペルくんサマースペシャル』だ！」というぐらいには、地域に定着してきたと感じる夏を過ごしている。

今年（二〇一四年）三年目を迎えたこの活動、登録した児童の数は七十名を超えた。近隣の二つの小学校は全児童合計三百人ほどなので、四人に一人は来ているということだ。連日五十名ほど集まって、夏休みの宿題、自由研究、読書感想文、絵画コンクール、工作などに励んでいる。

この活動は、近所の小学校の校長先生から「夏休みの間、お昼ごはんを食べることができない児童が二人いるんです」と相談がきて始めたこともあり、今でもお昼ごはん付き。子どもたちが、共同生活のメンバーたちと一緒に、お昼ごはんを作って食べて後片付けもする。月曜日から金曜日の朝から夕方まで、各家庭の事情に合わせて児童を預かっている。観光がいちばんの産業である白浜町では、夏だけ仕事が一気に増える。なので夏だけ仕事に行く親御さんも多く、家庭環境が一気に変わることも珍しくない。

白浜町営学童保育は、定員四十名。今回当活動に参加者が増えた理由として、定員オーバーであふれた人がこちらに流れてきたことも否めない。しかし、昨年、当活動に来た児童が、読書感想文や絵画、自由研究などで軒並み賞をとったことから、我が子にもと期待して預けてくれる親御さんも多く、毎日コツコツ時間をかけて宿題や作品を仕上げていく当活動が認められてきたのも事実だ。

この夏は、四人の神学生[*1]が手伝いにきてくれた。子どもたちと関わりながら、共同生活のメンバーたちと共に生活する中で、神学生たちがもった感想は「地域に根ざす教会を見せてもらった」ということだ。

学校や地域で顔と名前が一致することに驚き、その社会の中で、毎日どのように子どもたちと関わっていくべきなのか、自分たちにできることは何なのかを考えさせられたようだ。当初は、無難な関わり方をしていた彼らに、私は生き方や物事の選択に表れる価値観を生活全般で伝えることを求めた。

子どもを叱るときも、一緒に遊んで楽しむときも、私たちの価値観が表れる。大切にしているイエス様の愛が表れる。だから全人格で、イエス様を証しすることになる。失敗も成功も証しになる。人に対しても、物事に対しても、与えられた仕事に対しても、どう真摯に向き合い誠実に歩んでいるかを、子どもも大人も同じように見ているからだ。口だけで動かない人も、口先だけで心が伴っていない人も、子どもに見透かされていくものだ。言うことがコロコロ変わる人も、信用されなくなる。最後まで一緒にいてくれる、最後まで助けてくれた人のことは、ずっと信じるものだ。助けてもらった子どもは、あの時、助けてくれたと思い出すたび自慢話のように言う。大人もおおむね同じなのだ。

一人の男性神学生が、当事者意識をもつことが難しいと話してくれた。自分の理解できる範囲内だけで人と関わろうとしていることを、私に指摘されてのことだった。自分のありのままをさらけ出せる強さを、私はその神学生に求めた。

イエス様はこんな私を愛し、赦し、用いてくださる。目の前の人をありのまま、そのままを受け止めることも大事だが、その人を愛そうと思うなら、その人がどうであれ、愛する方を選んでいく姿をその人に見せることができるかどうかではないか。

また、女性神学生が「献身」について自らが感じたことを話してくれた。献金と同じようにもってるものを、預かっているものをその一部を、もしくは全部を捧げていくことなんだと思ったと。私たちスタッフが体力ぎりぎりでがんばっている姿を見てそう思ったらしい。

私は、神学生たちに向上心を刺激する影響を与えることができたことをうれしく思った。

と同時に、集まって来ている子どもたちにとってもそうでありたいと気を引き締めた。

＊1「神学生」…牧師を育成するキリスト教神学の教育機関で学ぶ学生。

責任をもつということ

本来なら、二〇一四年九月初旬には実家裏の田んぼにビニールハウスが二つ建っている予定だった。十月には小松菜の初出荷を計画していた。

しかし、十月十二日の時点でビニールハウスは着工できていない。どうしてできないまま今に至ったのか。NPOスタッフとして農業事業に関わっている男性に丸投げしていた私の責任と、できないまま何も手を打てなかったスタッフの責任が問われる問題だ。本気でやる気があるのかと非難されてもしかたがない状況だ。この姿勢は、あらゆることに通じている。

「まちなかキッチン」を始めて、仕事と奉仕、ボランティアには違いがあるのか考えさせられることが増えた。しかし、どれも責任をもつことであり、根本的には何も変わらないのではないかと思うようになった。結局、奉仕だから、ボランティアだからと、自分に甘くなっているとしたら、その奉仕もボランティアも中途半端なものになってしまわないだろうか。報酬をもらってないからと適当にできる範囲だけ関わろうと思っているとしたら、助けてもらいたいと思っている人の「今」という必要な時の助けとなれるかどうかはわからないのではないか。ましてや、求めていない人も含まれる、この世界に福音を宣べ伝える教会の働きに携わるなら、自分のしたい時に、したいことだけする奉仕やボランティアがどこまで通用するのだろう。

弁当屋でも同じことが言える。「今週中に店でゴキブリ殺虫剤を焚こう」と従業員と話をしても、誰が殺虫剤を買いに行くのか、誰がいつ焚くのかを、私が決めない限り何も動かない状況が続く。指示の仕方に問題があるのはもちろんそうだ。

「あなたにこの日までに買い物を頼む」「あなたにはこの日のこの時間に殺虫剤を焚いてもらう」と指示すればいい。そして、したかどうか報告してもらいチェックすればいいのだ。

しかし、私が指示しないと動かないレベルで終わっていいのだろうか。従業員が、不衛生な中で弁当を作ることに危機感を感じても、そのままにしておけるとしたら、弁当屋としていちばん大事にしなければならない衛生面における責任を放棄していることにならないか。自分がしなくても誰かがするだろうと思っているとしたら、それこそ無責任ではないか。私は、彼らを自分がしなければと思う従業員に育てなければと思う。

十月に入って、私は、スタッフを連れて、ビニールハウスの見積もりをとっている三社のうち一つを選び、値段の交渉と工事の完成日の確認に動いた。十月中にビニールハウスを完成させ、十一月には苗を植え、十二月に初出荷にこぎつける計画を建てた。結局、スタッフに任せたまま何もしなかった自分の責任だ。任せていたというのはできなかった言い訳にならない。スタッフで手に負えないなら、私はできる手を打たなければならなかったのだ。本気でやると決めたのなら、最後まで責任をもつべきだ。そして、そのスタッフを役に立つ者になるように育てるべきなのだ。

もしも、路上に倒れている人がいたら、私は助けたいと思う。その助けは、どこまでを考えればいいのか。これまでの私は、家族や救急車を呼ぶまでか、家に送り届けるまでだった。それが普通だと思っている人が多いのではないか。

しかし、あえて問題提起をしたい。一ミリオン[*1]行くように強いる者がいれば、一緒に二ミリオン行きなさい、上着を求める者には下着も与えなさいという聖書の教え（新約聖書・マタイの福音書五章参照）は、私たちをどこまで突き動かすのだろう。

最後まで責任をもとうと思ったら、定期的に連絡をとり、無事を確認し、さらに必要はないか確かめるところまでいけるのではないか。

＊1「ミリオン」…聖書の時代の単位。一ミリオンは約一五〇〇メートル。

切らない関係

二〇一四年十月、わが家に小学五年生の女の子Bちゃんが里子として加わった。これでわが家では、実子を含め五人の子どもが暮らすことになった。先に一緒に暮らしていた小学五年生の女の子Aちゃんは、同い年の同居人が増えることを心待ちにしていた。

私たち夫婦も新たに里子を迎えるにあたって、同い年同士、二人を同じ部屋で生活させようと考え、我が子たちが以前使っていた二段ベッドを復活させ、受け入れ態勢を整えた。

Bちゃんは、来たその日こそ緊張感があったが、Aちゃんと打ち解けるのにそんなに時間はかからなかった。Bちゃんは、うちに来るまでは不登校だった。しかし、翌日には妻と一緒に小学校へ挨拶に行き、二日めからは登校することができた。

環境を変えたことで新たなスタートを切りやすかったのもあるが、同じ部屋で暮らすAちゃんが強力な助けになったと思う。毎日登下校を一緒にし、クラスでも仲間づくりで面倒見の良さを発揮してくれたのだ。

こんな二人にとって最初の衝突は、お互いの名前の呼び方だった。呼び捨てにするか、ちゃん付けにするかでしばらくもめていた。お互いの尊厳をどう守るかが問われた。

次に出てきた問題は、おふろに一緒に入るかどうかだった。一緒も楽しいが、時には別々に入りたい日もある。いつも一緒じゃなくてもいいという理解が必要だった。次に出てきた問題は、二人以外に第三者との関係が出てきたことで起こった。

学校に行き始めて半月もすると、Bちゃんにも Aちゃん以外の友達ができ始めた。それに伴い、新しい友達と帰りたい日も出てきたのだ。当然のことだ。

Ａちゃんにとっては、Ｂちゃんが他の友達に取られるような気持ちがあり、また、Ｂちゃんにとっては、Ａちゃんが煩わしく感じるときが出てきたということだ。

実は、うちで共に暮らす大人たちを見ても、二人の里子に見る問題と同じことが起こる。最初にお世話になった人との関わりを大事にできず、些細な問題を解決できないまま関係がこじれるのだ。人とわかり合うことを諦めたり、話し合うことを面倒だと避けてしまう。

納得いかないと相手を切り捨てる。人と知り合っていく関係づくりが幼いままなのだ。

最初にできた人間関係を大切にできないことがなぜ問題なのか。それは、どうして大切にできないことが起こるのかを考えればわかる。

まず第一に、自分に助けが必要なときは助けてくれた人へ感謝できても、助けがいらなくなると感謝や敬意がすぐに消えてしまうこと。

第二に、助けられた関係だとしても、合わない人との関係は切ってもいいと考えていること。一度切ることを覚えた人は、都合が悪くなるとその関係を切ることで解決していくようになる。そして、切るたびに人を渡り歩くことになり、違いを乗り越え、関わる力は育たず、最後は切った相手から義理を欠く人として信用を失い、孤立することになるのだ。

二人の里子は、これから私たち家族をはじめ第三者である多くの友達の間で、お互いの関係を建て上げていくことになる。人間関係は煩わしく面倒臭いものかもしれない。切ってしまったほうが楽に思えることもあるだろう。しかし、最初の関係を続けていく経験は、きっと彼女たちにとってかけがえのない信頼関係を与えてくれるものになるだろう。

隣人になる

「まちなかキッチン」で働く面々は皆、頑張ってきた人たちだ。頑張って、頑張って、頑張ってついに疲れ果てて自殺を選ぼうとした。

そんな彼らは、世の中の成功者たちを見ては、「俺たちはどう頑張ってもああはなれない」とつぶやく。「どれだけ頑張ったって一部の金持ちを豊かにするだけだ。俺たちの生活が良くなることはない」と自分の境遇をのろう。つまり諦めに満ちた彼らの頑張りは、決して何の希望も見いだせない我慢を重ねるだけにとどまっているということだ。だから、決して目の前の壁を打ち破れない。

そして、事あるごとの選択にも影響が出る。将来への備えや安定のためよりも今の楽しみを選ぶことが多くなる。例えば、自立するためにお金を貯めるということは理解しやすくても、自立後、老後までを考えて慎ましく生活を建て上げていくことは、わかっていても選べないのだ。そんなことをしても大して変わらない。結局このままの生活が続くのだから、適当に楽しみながら適当に暮らしたほうが、今我慢するよりいいと考えるのだ。

二年ほど前に一度自立したが戻ってきた男性がいる。彼は、「自分はクソみたいなどうしようもない人間で、自分が何をしたいのかもわからない」と胸の内を告白してくれた。兄弟のもとに身を寄せ、力を合わせて頑張っていこうと始めた生活だったが、長くは続かなかった。何の希望も見いだせない我慢を重ねるだけの生活が続いた。仕事も、一緒に働いていた兄弟とのけんかが原因で辞めなければならなくなった。変わりたいけれど変われない。自分はやっぱりダメだ。そう決めつけて自暴自棄になった。「もうどうにでもなれ」と思ったと言う。

しかし、どん底まで落ちた中で思い出したのが白浜での生活だった。私は彼に自分だけでは努力し続けることができなかったことを確認し、今後は一緒に頑張っていこうと励ました。今は、朝から「まちなかキッチン」で働き、夕方からは「放課後クラブ・コペルくん」で子どもたちと関わる毎日を過ごす。今頑張れば、将来こんな自分になれるという希望をもたせたくて、学童保育のスタッフをしていた二年前を思い起こさせ、「あなたは子どもに関わることに向いているよ。将来、子ども関係の仕事に就こう。そして、それまでに自分の弱点を克服するためにここで訓練を受けながら働きなさい」と話している。男性は、自分なんかが子どもと関わる仕事をしてもいいのかと思いながらも、やってみたいという気持ちをもって努力を始めている。

「まちなかキッチン」で働きつつ、アパートへ自立した男性がいる。彼が自立する時、私は彼の貯金の中から七万円を手元に預かり連帯保証人になった。一年がたつまでに、家賃が払えないと言うのでそのつど渡し、七万円あった預り金は三万円に減っていた。二年が終わる頃には、その三万円もなくなり、ついに先日、家賃を滞納していることがわかった。事の次第を確認する中で、国民健康保険や年金、介護保険などいまだに手続きしていないこともわかった。私は、滞納分の返済と将来にわたってどのように生活を建て上げていこうかと話し合った。

必要経費を引いて保険料なども引いたらどれだけ残るか。残ったものを貯金すれば、十年、二十年先にはこれだけの貯金ができる。年金ももらえるようになる。先を見通すことができれば結婚だって見えてくる。そう言いながら、もう一度やり直そうと励ました。

「生活に困ったとき、外部の人に迷惑をかけてどうする。家賃を滞納する前に、私たちにこそ相談し頼るべきだろ」と叱った時、彼の目にはうっすら涙があった。

一人ではできなくても、傍らでしっかりと将来を見据え、導く者がいれば、彼の頑張りに希望を与えていくことができるのではないかと思うのだ。

私は、そんな隣人になりたい。そして、「まちなかキッチン」を希望を与えられる場所にしたい。

安定の裏の危険

往々にして人は安定を好む。安心感は安定によって生み出されるところが大きいからだ。

しかし、安定しているときほど危険なときはない。安定は人を安心させるが、裏腹に油断と不注意を引き起こすからだ。少しずつ下降線をたどり、気づいたときには取り返しがつかないところまで落ちる。また、そんなはずでは！と、大きな問題が起こりやすいのも事実。私はこれらを「まちなかキッチン」で学んだ。

スタッフどうしのトラブル、お客様からの苦情、味や質の低下、少しずつ注文数が減っていくなどの問題は、順調なときほど起こりやすいのだ。

なぜ、教会では気づかなかったのだろうか。田舎の小さな群れである私たちが、全世界にキリストの福音をあまねく宣べ伝えるためにと使命を頂いていることを思えば、前向きに成長していくための目標が次々に出てくるからだ。

しかし、もう一つ負の要因もあると思う。教会には、できてもできなくても赦される環境があるということだ。これまでの牧師としての働きを振り返って、私は赦され続けてきたと思う。目標が達成できなくても辞めさせられることもない。高齢化する教会に危機感はあるが、私も教会も神様があわれんでくださるとお任せし、中途半端なところで神様のご計画に期待しようと手を放す。神様に期待することが間違っているのではない。最後まで突き詰めて解決策を考えないことが問題なのだ。こうして、問題を解決する手を打てないままになったことがいったい幾つあっただろうか。

その点、弁当屋はお客様と対価を伴う関係でつながる分、厳しさがある。支払う代金に見合ったサービスになっているかどうかが求められるのだ。

二〇一四年年末から二〇一五年の初めにかけて、「まちなかキッチン」は、一週間の休業日を過ごした。毎日食べてもらう弁当だけに、また、年末年始の忙しい白浜だけに、この期間を休むのはかなりマイナスだ。案の定、再開二週めにして目標数を割り込む日が出てきた。配達先と各配達先の注文数が減った。毎年のことだが、ここから巻き返していくことが求められている。

安定しているとき、そのでき上がったかたち（システム）を変えることは、たいへん勇気がいることだ。また使う側と使われる側では、さらに感じ方が違うので、慣れたかたちから別のかたちに変わることはとてもストレスを感じることだろう。細かく問題点を見つけ出しては改善することを繰り返すことで、緊張感を保つことも可能だろう。しかし、変化させるときは短時間で一気に変えたほうがいいようだ。相手に気を遣って少しずつ変えようとするほうが、かえって相手にストレスをため込ませてしまうようなのだ。変化させたことで良くなったことがはっきりして、全体の志気が上がる。新たなスタートを切った年始は、一気に変えるチャンスだ。

二〇一五年、私は、旧約聖書に書かれたサムソンという人物の生涯から教えられ、新年のスタートを切った。サムソンは、イスラエルを敵国ペリシテから解放する先駆者となるため、無敵ともいえる力を神様から頂いた。ペリシテにとっては、隷属しているイスラエルの中でサムソンは支配しきれない憎き邪魔な存在だっただろう。また、先駆けとしては、ペリシテをさばく口実をつくったといえる。しかし、私にはサムソンは与えられた力を十分に使ったのだろうかと疑問が残るのだ。

神様は私に、社会で通用する教会を建て上げなさいといわれている。教会の中だけで通用するクリスチャンを、社会でも通用するクリスチャンへと育てる必要があると思わされている。今後も力配分に悩み、試行錯誤は続くだろう。しかし、さらに成長するために、変化が求められているのではないか。

私がまず変わらなければと思わされている。

成長しているのか

二十三歳の春に、私は白浜に帰ってきた。今年（二〇一五年）四十二歳の春を迎え、再び献身について考えた。まさか献身の思いが成長をじゃますることはないよな、と。

献身した者は、あらゆる状況を耐え忍ぶことができる反面、その状況を打開する動きを起こすことよりも、感謝し、忍耐することを選ぶ可能性が高くないだろうか。神様がこの状況を許されたと思えることは大きな慰めと励ましになる。しかし、忍耐を選ぶ結果、神様が解決してくださることを待つばかりになってしまわないかと思ったのだ。

決して待つことが悪いわけではない。問題は、待つ時間が長くなるにつれ、忍耐に疲れ、感謝が薄れることだ。しかし献身の思いで、それでも待ち続ける。確かにそこから学ぶこともたくさんあり祝福もあると思う。しかし、倦《う》むこともあるのだ。そして、自分の信仰を否定したり、祝福された他者を見て卑屈になったり妬みを感じたり、神様に対しても不信を抱くことになっては、待っている行為が正しかったのかどうかと考えさせられる。

日々の働きに確信がもてなくなるとしたら、待つという献身の表し方に問題があったのではないかと考えることができないだろうか。

私たち夫婦は、白浜に帰ってくる時、伝道師として給料は月五万円の条件を受け入れた。そして、日々神様の支えを感じ、感謝して恵みを数え歩んだ。この経験が力となり、牧師就任の際には、経済的に厳しい状況を踏まえ、教会運営の必要経費から順に支出し、会計の手元に五万円残して、給料の上限に満たなくても余った分が給料であると取り決める決断ができた。

初めて男性の生活を丸抱えすると決めた時も、自分にそれだけの力があるとは思っていないのに、神様に対する信頼から平安があった。里子を預かる時も心配がなかったわけではない。しかし、やるべきだと確信があったのだ。土地建物など与えられていく過程でも、手にしたことのない金額の契約書にサインする手は震えたこともあったが、物事を進めていくことにはいつも迷いはなかった。この数年、劇的に生活が変わることになった「まちなかキッチン」や農業など収益事業についても、畑違いの働きに失敗続きの毎日だが、決して道を誤ったとは思っていない。献身者として犠牲を払って忍耐し、すべてのことに感謝して生きること、それがすべての決断の裏にあった。

しかし、ここにきて、昨日よりも今日、今日よりも明日と、自分は日々成長しているのか。昨日と同じ失敗をしていないか。自分の中身は、神様が与えてくださる祝福に見合うほど成長しているのか。全体を把握することも、一つ一つ出す指示も、精度が上がっているだろうか。自分の成長が追いついていないと感じて、自問自答する毎日が続いている。

もしそうだとすれば、何が問題なのか考えてみた。献身して牧師になった私は、基本的に何でも「やらされる」立場にいない。毎日のスケジュールも忙しいけれど自由がある。自己管理ですべてが進む。ここに大きな落とし穴がある。

まじめでさえいれば、誰にも間違いを指摘されず、自己完結してしまうのだ。伝道（布教）の難しい日本で、それも田舎で、結果が出ても出なくても言い訳はいくらでもある。いつも苦しい貧しい生活に耐えていれば、人のために働いていれば「先生」として認められる。

しかし、私は、私という人間が神様の願うように成長し、神様の祝福に見合った者として、用いられる器となっていきたいのだ。足らないところに気づかされているのは恵みだと思って、さらに献身者としての道を極めたいと思っている。

これから神様に何をさせられることになるのだろう。恐れつつ期待は膨らむ。

今年も謹んでその杯をお受けしようと思う。

関係を続けていく力

二〇一四年から始めた月一回の礼拝後の教会員同士の交流会。少しでもみんなが知り合いになり、豊かな関係を築けるようにと、十名までの小グループに分かれて会を行ってきた。しかし、なかなかうまくいかない。お互いを知るための自己紹介と質問でつまずくのだ。

「どこにお住まいですか?」「お仕事は?」。この質問が問題になる。私たちの教会が自殺を考えた共同生活メンバーが含まれるからではない。かえって彼らはあっけらかんと過去を話すのだ。むしろ教会のメンバー同士が個人的な情報を聞くことに抵抗があり、教会での交流は、そんなことよりも聖書の話だけでいいと考える風潮があるということだ。

しかし、親しくなるためには個人的な情報は不可欠ではないか。そこで、ここ二回、やり方を変えた。

「イエスは、母とそばに立っている愛する弟子を見て、母に『女の方、ご覧なさい。あなたの息子です』と言われた。それから、その弟子に『ご覧なさい。あなたの母です』と言われた。その時から、この弟子は彼女を自分のところに引き取った」（新約聖書・ヨハネの福音書一九章二六節～二七節）

この聖書のことばに立ち、年齢差のあるグループを作ったのだ。具体的には十～三十代と五十代をまとめ、四十代と六十代以上をまとめて、教会を二つのグループに分けた。そして、全員にその日のテーマに沿ったことを話してもらうことにし、お互いが神の家族[*1]となる麗しい関係を築いていくために、もっと知り合うことを勧めた。

すると、これがなかなか面白い。一人として似た人生がないのだ。多種多様な背景をもつ人が四十人以上集まっている現実に、時間を忘れて人の話に耳を傾ける。この二回は大成功だと思う。しかし、なぜ、個人情報を話すことに抵抗があった人たちが、自ら進んで過去を話し始めたのだろうか。一つには、もともと彼らが本当は豊かな交流を求めていたことが挙げられる。役員や教会員から、もっと交流できればと以前から声は上がっていた。しかし、自分からその輪をつくり出す力がなかったのだ。個人的なことを聞かなければ、お互いを知ることができないのに、聞くことはプライバシーを侵害することになるといった思い違いをしていた。紹介されないと話しかけられないといった状態が教会全体にあったのだ。

二つめは、聖書のことばと方向性が示されたことだろう。聖書のことばが示されたことで、具体化したと思う。ヨハネとイエス様の母マリアが一緒に暮らすことになった事実を受けて、自分たちの関係を兄弟姉妹の関係[*1]と捉えるだけでなく、親子関係としてみる視点も加わり、さらには年の差があることで、お互いにいたわる気持ちをもちやすくなったようだ。

三つめは、仕切りの問題だ。少人数のほうが話しやすいのではとグループを増やしたことで、細かく分かれ、人とのコミュニケーションが上手な人がばらけて孤軍奮闘することになった。

以前は、話の合う同年代や仲間を集めたが、かえって改まって交流をもつのは今さらという感がぬぐえなかった。今回、二つの大きなグループに分けたことで、各グループにしっかりリードできる司会者が立てられ、役員や教会員も固めて配置された。そして、テーマに沿って全員に話をしてもらうことで、一貫した流れができ、お互いを知るという目的が達成された。お互いに知り合いたいとの思いが実現していくので、満足感も高くなるのは当然だ。この一年はこの二グループで、毎月さまざまな活動を行っていこうと考えている。

つくづく、現代に生きる私たちは交流を生み出す力が弱くなっていると思う。人とつながり、関係を続けていく力が弱っていると思うのだ。教会の中でさえ、放っておくといつまでも名前を知らないいまま、何をしている人かも知らないいまま、挨拶だけの関係を続けている人が増えていないだろうか。交流をつくり出す存在が求められているのではないだろうか。

＊１「神の家族」「兄弟姉妹の関係」…キリスト教会で、神様を父とする「神の家族」とする考え。お互いを神にあっての兄弟姉妹ととらえ、相互に男性は「兄弟」、女性は「姉妹」と呼ぶ。

問題は当然

疲れたと言えない。やめたいと言えない。牧師はそんな呪縛にかかっている。

神の計画だと信じて始めたのなら、そうではなかったという結論は許されないのではないか。立ち返るのは、決断したポイントまで。それ以前には戻れない。祈りに祈って聖書のことばを握って決断したことを覆すことは、自らの信仰にまで、疑問が生じることになるほどの問題だ。キリスト者の決断の多くは、祈りと聖書のことばによるところが大きいからだ。しかし、うまくいかないことがある。失敗を続けることもある。やらなければよかったというものも出てくるだろう。その時、牧師は悩むのだ。自分の能力のなさを嘆くなら、まだ可能性がある。神様は弱さのうちに完全に働いてくださるから。しかし、自分の決断が神様のご計画に反していたのではないか、神様は賛成していなかったのではないかと落ち込んでいくなら、その経験から学ぶことができず、よいものを生み出すことはないだろう。何か新しいことを始めたら、必ず課題にぶつかる。失敗もする。できないことが増える。賛成の人だけじゃなく反対の人もいる。批判を受けることもある。そして、初めから全部うまくいくなんて稀なことだ。なのに、なぜ、神様が共におられるのに失敗や問題が起こるのか、それは神様のご計画ではなかったからではないか、と考える風潮が教会の中にはあるのではないか。

しかし、はっきりさせよう。新たに何かを始めたら、問題は起こるものだし、課題は出てきて当然なのだ。神様は、それらを用いて、私たちを成長させるのだ。

さて、この問題が解決してもここからが、牧師がとらわれる呪縛のスタートだ。課題や問題に前向きに取り組んでいる間は大丈夫だ。しかし、牧師にも得手不得手がある。学ぶのに早い者もいれば遅い者もいる。また任されている役割や責任は多岐にわたり、新しく始めたことだけに専念できるわけでもない。また、教会は、安定を好む傾向が強く変化に弱いと思う。神様の恵みである安心と平安を求めて、人々は集まり休むことを求めている。

牧師は、神様に身を献げた者として、自分が率先して実行し、パウロのように「見せ物」になる覚悟をする。キリストに倣う者として、自分がいちばん犠牲を払うことを選ぶ。そして、少しずつ教会を巻き込んでいくのだ。しかし、どうしても物事が前に進まず、牧師が自己憐憫に陥ったとき、事態は深刻化する。疲れてくると自分の気持ちがついてこなくなる。疲れ果て、弱り果て、辞めることができたら楽だなと思い始める。ただ、そんなことをしたら、すべて終わるという危機感。今まで先頭を走ってきた自分が倒れたら、神様に栄光を帰すどころか、汚すことになるんじゃないかと悩むのだ。「疲れた、辞めたい」と言えない。頑張ってくれている人たちのことを考えると、とても言えないと。

こうなってしまったときに、考えてもらいたいことがある。それは、神様を信じることだ。思いを与え、実現へと至らせる神様を信頼することだ。思いが与えられたこと自体が、主のみわざなのだ。約束のものを得るために必要なのは忍耐だということも忘れてはいけない。この土台に立って、問題を上から見て、問題の中にどっぷり浸かってしまわないことだ。客観的に問題を見て、絡み合った課題を一つずつバラして、優先順位をつけて、動くことをお勧めしたい。頭の中がクリアになると問題の解決は見えてくる。

そして、もしも、自分の努力が必要なことがあれば、それを地道にコツコツ続けることが重要だ。続けてきたことで成長した自分に後から気づくはずだから期待してほしい。

悩みの中にいる方はいませんか？　辞めたい気持ちと戦っている方はいませんか？　疲

れ果て弱り果てている方はいませんか？

牧師は、孤独な戦いを戦い抜き、神様の栄光と人々の救いのために、神様の苦しみの一部を担うことを喜ぶ者だ。今の苦しみは、後に表される栄光に比べれば、取るに足らないと告白しよう。

共同生活している一人一人と交換日記をしている

第五章

明日への幻《ビジョン》

夢と恵み

最近（二〇一三年）、ブログの「白浜日記」をなかなか更新できていない状況が続いているが、実は、手書きの日記のほうは毎日欠かさず書くようになった。二年ほど前までは、欠かさず書いていた日記とブログだが、ようやく日記だけは毎日書くところまで復活したといったところか。

日記は一日を振り返り、次の日の予定を確認するために非常に有益だ。記憶をたどるためにも役に立つ。私にとってはその時間が神から受けた恵みを覚え数える良い時間になっている。

私は、忙しいことは良いことだと思ってきた。それだけ求められていることがあるということだし、誰かの助けになるために働けるということになる。しかし、忙しいことは良くないほうにも動く。目の前のことに追われ、だんだん視野が狭くなり、余裕がなくなり、ゆっくり考えることもできず、全体を見ることも難しくなり、やっつけ仕事になっていくようだ。朝四時半から五時前には起きて、夜の十時を回るまで、ほぼゆっくり座ることがない毎日を送ってきた。椅子に座るのは礼拝のメッセージの準備と相談を受けるときと、祈とう会などの集会中や食事のときだけだった。今もそうだが、休みは年に夏と冬の二回もらう数日だけだった。

最近、妻によく「夢を語らなくなった」と言われる。きつい一言だ。毎日忙しさに追われてしまうと夢を語る元気もないということか。いや、夢を語れるだけ祈って求めて考えていないということだ。牧師が夢や希望を語らなくなったら、神様からの幻を抱くことがなくなったら、それは「幻がなければ、民は好き勝手にふるまう」（箴言二九章一八節）という聖書のことばのとおり、死を意味するのではないだろうか。収益事業を始めたこの二年ほどを振り返ってみると、何もかも初めてのことで、目の前のことに必死。できないことに、落ち込むこともしばしば。その忙しさと混乱ぶりは、一人ゆっくり何かを考えたり、方向性を求める時間すら蝕んでしまうほどだったのだ。

私に夢がなくなったのではない。自信をもってこうしたいと語ることができなくなったのだ。誰が何と言ってもやるんだという確信がないのではなく、周りを説得したり導いていくエネルギーとことばがなくなったのだ。

しかし、この二年を改めて振り返ると、感謝してもしきれない恵みがたくさんある。「まちなかキッチン」は、メンバーの入れ替えが常に発生しながらも、着々とお客を増やしていった。多いときで一日に百六十個の弁当を売るまでになった。先日は、お得意様から「白浜でいちばんおいしい」と言ってもらえた。三階建ての新店舗を手に入れたことで、二、三階の住居部分を利用して、自立を目指す者たちと賃貸契約を結んで、貸し出す賃貸業も始めることができた。

それだけではない。共同生活を行う者の中からは、信仰をもってクリスチャンになる者が、毎年起こされていった。そして、今年（二〇一三年）は、クリスマスにもう一度洗礼式を行うことができそうだ。年に二回も洗礼式を行うことができるのは、私が牧師になってから初めてではないか。田舎の教会が抱える閉塞感はうちにはないと思う。すべて神様の恵みなのだ。ここにきて、ようやく日記を再開できた私は、さらに以前の私に戻ろうとしている。

今、私は、教会のお年寄りが住める場所を、教会の周りに用意したいと考えている。教会生活が送りやすくなることと、いつでも会える環境が欲しいからだ。

さらに、月曜日から金曜日まで、子育てに苦しむ親を助け、子どもを助けるために、寮を始めようと思っている。現在、小学四年生の子どもが、親が夜勤のときにわが家に泊まって学校に通っている。このような関わりを広げていきたいのだ。中学生とも毎日夕方一緒に宿題をする活動を始めた。今は二名の中学生が来ている。定期テスト前の勉強会は二十人以上が集まる。充実させていくことで寮へとつながる子どもが出てくるだろう。

お年寄りと子どもを預かることができる寮を教会がやる。何ともおもしろいことになりそうではないか。

地域の見せ物に

こんな批判を聞いたことあるだろうか。

「教会に来てる人って常識ないなあ」。例えば、車で溝蓋の上を走ると大きな音が鳴る。近所にとってはたいへん迷惑なことで、毎週日曜日の朝になると何度もガチャーンと音がする。別に悪気がなくても、迷惑だと思わせたことが教会の評価につながるのだ。ほかにも、日曜日の朝、どんな顔して教会への道を歩いているだろうか？　教会の近くで出会う人々に挨拶はしているだろうか？　「挨拶もせん」と教会が批判されるとき、それは近所に住む人々の中のたった一人が感じた印象かもしれない。しかし、それが教会全体の評価になるということだ。そして、これらの批判は、宣教を担う教会にとってとても危惧すべき問題なのだ。

いつ、どのようなかたちで、これらの不満が表面化するのか考えてみよう。たいていの場合、牧師家族がその批判を受けるのではないだろうか。日曜日だけ教会に来ている人には想像もつかない近所との関わりを、牧師家族は日常の中で担っている。だからこそ、反対に、牧師家族が近所へ与える影響は、本当に大きなものだともいえるのだ。

私が、白浜教会の牧師になった時、ご近所との関係には、いちばん労力を費やしたと思う。今も町内会長を任されている。

非常識だと思われている存在から、学ぼうとする人は皆無に等しいだろう。

新約聖書の「使徒の働き」に出てくる圧倒的なスピードで成長した初代教会は、周囲の人々の評判が良かったと記されている。そして、地域の人々によく仕えたということも記されている。私は地域の必要に答えていくことが、神様の願いであると考えるようになり、地域のボランティアに進んで参加するようになった。町内会活動はその最たるものだ。交通指導員や近所の病院の倫理委員会、学校のＰＴＡ活動、クラブ活動講師、現在は辞めたが、社会福祉協議会の評議会委員や理事、教育委員と、頼まれればほぼ断らず引き受けた。

また形のない奉仕は、近所の草引き、ゴミ拾い、家の中の家具を動かすお手伝いなどを行い、近所の方々との関係を深めていった。「教会さんがいてくれて助かったよ」と言ってくれる人が増え、批判を聞く機会が少なくなっていった。

わが子たちにも、近所では必ず出会う人に挨拶をさせた。途中からは自分で進んでするようになった。「おたくのお子さんたちは気持ちええわ」と言ってくれる人が増えるごとに、教会の存在は認められていった。たとえ批判する人がいても、弁護してくれる人もいる。うちに批判が届く前に、その批判が消えてしまうようになった。牧師家族が日常的に、近所との関係を作る努力をしていることを知ってほしい。

先日、牧師の忙しさを何とかしようとの話し合いの中で、町内会活動で会長をしなくてもいいのではないかと話が出た。私も会長は辞めたい。しかし、信徒たちは知らないんだなと思った。私が教えきれていなかったのだと反省した。

教会は、世に建てられているんだということ。それも地域に建てられているんだということ。その地域に根を張り、宣教していかなければならないということ。そのためには、地域の人々が教会をどのように見ているか、見られているか、私たちが見世物になってキリストの愛を伝えることができているかが問われているのだ。

今年の町内会の年次総会で、私は一つの提案をした。一人暮らしのお年寄りが増えている中で、何でも助けが必要なところに、町内から助け手を派遣することはできないか。その一翼を教会が担うと。新たな戦いが始まろうとしている。

「成功」とは

二〇一五年夏、「まちなかキッチン」は、過去最高の一日二百八十六個を売り上げ、月間の販売個数が四千四百個を超えた。共に過去最高だ。十二月で四周年を迎えるが、振り返れば、よくここまで続けてこられたと思う。調理を担当する者は、自分を入れれば五人入れ替わった。配達員に至っては、始まった当初から関わっている人は、一人も残っていないのだ。現在関わっている人は弁当と惣菜を合わせて十六人(私たち夫婦と伝道師含む)。この中にも、ここ数か月で転職していく者がいる状況だ。「まちなかキッチン」が、NPO活動の資金を稼ぐ場として、また、職業訓練の場として機能してきた証拠ではないだろうか。

ある人が転職した後で、「給料を預かられてずっと不満だったけど、転職後に手渡された八十万円を超える貯金を見て、どれだけありがたかったか」と言ってくれたことがある。その人は、今でも、共同生活の夕食を月一回のペースで作りに来てくれている。人生をやり直す土台を築けた経験をした。配達員だった別の男性が他県の工場に就職した際も、貯めたお金で新生活をスタートさせることができたばかりでなく、今も私のもとに、もしもの場合に備えた貯金が二十万円ある。個人のセーフティーネットを曲がりなりにも作ることができているということだ。自立していった人たちは、多少の差はあるがこれらのケース同様に、新たな一歩を踏み出している。

ただ、うまくいったケースだけではない。先日も一人の男性が突然いなくなった。理由は、私に対する不信感だった。これまでも突き詰めれば、すべて私に対する不信感だ。不信感というより不満ではないかとも思うが、不満が信じられないという思いにつながることも容易に想像がつく。男性は、出ていったその日、弁当配達中の男性スタッフに見つかり、声をかけられたが、私への不信感を幾つかの出来事と共に語り、行方をくらましてしまった。出ていくためのいちばん言いやすい切り札的な言い訳かとも思うが残念でならない。ほとんどの場合、この男性もそうだが、私の前で不満な顔は一切出さないし、直前までいい顔をしていることが多いからだ。見抜けない自分の力量不足と、不満を感じさせる仕切りをしている私の足りなさだと受け止めている。

今後も、自立を目指し人が入れ替わっていくことを考えると、メンバーが変わっても、同じ味、同じサービスを提供できるようにするのが、「まちなかキッチン」に課せられたずっと続く課題だ。今後、もっと調理や出荷作業、配達業務など、誰がやっても同じことができるように、マニュアル化していくことが求められている。

それと共に、人格教育が欠かせないのではないか。働く人のほとんどは好き嫌いがはっきりと態度に出る。協力し合い、助け合い、お互いのために良い仕事をする、という感覚が乏しい。いちばん多い不満は、自分ばかり働かされているというものだ。その次が自分ばかり悪者にされているというところか。そんな中、問題になりやすいのが、隙を見て怠けている人への不満だ。そこには、損得勘定が常に心を支配している貧しさがある。もちろん怠ける人も問題だ。ただ、きちっとしたい人が、いい加減な仕事をする人に対して、イラつくことも多い。イラつく前に指摘するといった対処ができれば、怒りを溜めずに済むはずだが、そうなるためには訓練が必要だ。

今後、「まちなかキッチン」をどうしていくのか神様にビジョンを求めている。私は、どんな事業でも、現状維持はあり得ないのだということをこの四年間で学んだ。少しでも成長していこうとする改善と努力の結果の現状維持はあり得るが、このままいければいいという消極的な働きは、現状を維持することができず、必ず下降線をたどることになる。

白浜教会にとって神様が考えている成功って何だろう。求めていることって何だろう。

私は、ただただ、尋ね求めて挑戦していくのみだ。

目指すべき姿

二〇一五年九月二十四日。この日は私にとって特別な日となった。旧約聖書・ハガイ書二章一八節に九月二十四日、神殿の基を据えた日が出てくる。[*1] この日から祝福すると言われた主なる神様。種も実りもない民に向かい、この日からと。

私は、自分の体を神様にささげ、私のうちに住んでくださいと、もう一度献身の思いを新たにした。神のみことばに立ち、神と共に歩まなければ、神様から任された私の使命を全うすることはできないことを再確認したのだ。

「まちなかキッチン」は、私にとって、ひとつ乗り越えたらまた次の課題が待っている、どこまでいってもつらく苦しい事業だ。自分は商売には向いていないと、つくづく思う。しかし、私が自分のできなさを嘆く横で、事業はどんどん拡大していった。神様は、私の失敗をいつも尻拭いしてくださり、この事業を導いてくださったのだ。そして、妻や義父の支えや、毎日の営業を続けてくれたメンバーがいなかったら、この事業はここまで続かなかっただろう。しかし、神様は私の内に示してくださった。九月二十四日、この日からあなたを祝福する、と。

八月、これまで、調理を担当していた男性が、外への就職を希望し、九月末には転職することが決まった。うちを含め三つの仕事を掛け持ちした生活から、正社員として就職し、仕事を一つにまとめ生活をシンプルにした。これは喜ばしいことだ。しかし、「まちなかキッチン」にとっては、大きなチャレンジだった。

さらに追い討ちをかけるように、九月、配達を担当していた男性が、突然、共同生活から出て行ってしまった。その日の営業から、その穴を埋めるために私が配達に入ることになった。一時しのぎはできても、九月末には、調理担当と配達の両方を埋めなければならなくなったのだ。

「まちなかキッチン」を行う目的の一つに、共同生活者の職業訓練がある。そのため、転職していく良い話もあるが、当然、さまざまな問題を抱えている者たちを働かせるので、責任を放り出して出て行ってしまうことも、しばしば起こる。この状況にあって、神が祝福されるとの約束を私は単純に信じた。

問題が起こったときは、チャンスになる。調理担当という中心メンバーが抜けるのは、本当に大変なことだ。また、配達員も配達先を覚えるだけでも時間がかかり、一朝一夕では育たない。しかし、その状況を皆で助け合いながら乗り切るときに、一体感が生まれる。そして、他のメンバー全員が、調理や出荷作業の中で、新しいことにチャレンジしなければならない状況が自然にでき上がるので、個々のレベルが上がる。問題を起こした人には、問題の核心に迫り、関わった人全員に、正しい道を指し示す。個々に、反省と課題とを確認できるように関わるのが理想だ。

私は、料理に自信があるわけではない。経理にも自信がない。営業も得意ではない。人を教育するのもだめだ。教育がだめなら、人を使って事業を動かすことも難しい。

唯一、人を愛し、赦し、受け入れることだけ、それだけは人並みにできているのではないか。しかし、忙しくなって余裕がなくなると、人に関心がなくなるものだ。相談を受ける際も、じっくり耳を傾けることができなくなる。こんな私が、リーダーとして立てられ、牧師として、理事長として、責任を担ってここまでくるとは、なんという恵みだろうか。ただただ神様と人に仕える者になりたいと思う。

「まちなかキッチン」が、自殺志願者を保護し、生活を支援するＮＰＯ活動を資金面で支える事業にするという目標が達成され始めた今、私は、次に目指すべきところを求めている。「まちなかキッチン」の将来へのビジョンを、神様から頂くのだ。神様は、この「まちなかキッチン」をどのように用いようと考えておられるのか。

田舎の教会は、必要がたくさんあるのに働き手を雇う力はない。地域を見れば、一人暮らしのお年寄りが多い。やれることはたくさんある。「我が霊によって」と言われる神様に、勇気を出せと励ましを頂きながら、目指すべき姿を見せていただこうと思う。

＊１「旧約聖書・ハガイ書二章一八、一九節」…「第九の月の二十四日、主の神殿の基《もとい》が据えられた日から後のことをよく考えよ。……今日から後、わたしは祝福する。」

つながりをもち続ける

これまでの活動を通して、一人で自立生活をさせてもうまくいかないケースがたくさんあった。孤立したり、何か問題が起きても、深刻になるまで連絡はなく、本人も適切な対応ができず、自立生活が破綻するのだ。適切な対応が取れれば破綻はしないはずだと、その人を裁いて終わっていては、何の解決にもならない。自立し、一人で生きていくというのは当たり前のように聞こえる。しかし、私自身を振り返っても、多くの人の支えがあったからこそ、ここまで来れたと思う。全部自分でできたわけではない。助けてもらって学び、成長させてもらい、次第に一人でできることが増えてきたというところだ。

長男が生まれた時、私たちは、実家で両親の世話になりながら子育てを学んだ。長女が生まれた時、その時学んだことが活かされることになった。そして、今度は、長男にしっかり手をかけながら、赤ちゃんを育てるノウハウを両親から学んだ。両親のおかげで、夫婦だけの子育てとは全く違う、その時々に必要なきめ細やかな子育てができたのではないかと思う。

ただ、人は、助けてもらってもできないままのものもある。苦手意識が強く、どうしてもできないものあるし、性格からの問題は、やはりなかなか変えることができない。また、いくら教えてもらっても理解できないものもあるようだ。素養がないということか。だからこそ、共同生活からアパートへ移った人たちには、人の助けが必要であり、お互いに関わり合う関係をもち続ける必要があると思うのだ。

また、こんな側面もある。人は誰かとの関わりの中にいることで、自分を律したり保つことができると思う。まったく人と会わない生活ができるとしたら、身だしなみを気にするだろうか。自分をよく見せる必要がなくなれば、清潔に保つ気力は続くだろうか。ヒゲを剃らなくても、髪の毛を洗わなくても、人にどう思われるかを気にする必要がないのだから、楽なほうに流れるのではないだろうか。

そこで、私たちは、シェアハウスと名付けて、「まちなかキッチン」の建物の二階部分２ＬＤＫに、二人で住んでもらったり、ＮＰＯで借りているアパート２ＬＤＫにスタッフと共同生活者の女性二人で住んでもらっている。

また、白浜町内には、数人の自立した元共同生活者が住んでいるアパートなどもある。私たちや仲間との関わりを残しつつ、自立へと進めていく中間施設をもうけたのだ。就職先として多い警備会社やホテルなど、同じ職場に勤めるようになった者同士の結びつきを利用して、安否確認や近況把握をし、必要があれば、会える手はずを取ってもらうこともある。アパートへ引っ越した後も、夕食だけ食べに来ている人もいる。つながりをもち続ける仕掛けがなされているということだ。

これを、もっと充実させていくのが、長屋構想だ。江戸時代の長屋と言えば、住んでいる者たち同士の「住人は一蓮托生」と、大家と店子の「店子《たなこ》となったからには子ども同然」という関係性がすばらしい。どんな人でも、同じ長屋に暮らす仲間だと受け入れていく意識や、大家（管理人）が、長屋に暮らす店子の生活用品から就職先やお嫁さんまで探し、悩み事の相談まで受けるという、生活に深く関わっていく人情が魅力なのだ。私は、現代の社会において、死にたいとまで悩み保護された人たちが、人生をやり直していく中で、この江戸時代の長屋のような関係性の中に加えられ、助けられ、自分もその小さな関係性の中で役割を果たしていくようになることができないかと考えているのだ。そして、小さな群れがいくつも増えてくる中で、地域へ広がっていかないかと夢見ている。

社会保障〜自立を求めて

安住の地を求める気持ちは、人生の最後には誰もがもつものなのかもしれない。自分の家で死を迎えたいと、救急で運ばれることを拒む人もいると、ニュースで聞いたことがある。自分が最期を迎えられる場所は自宅がいい、家族のもとがいいということか。当NPOで共同生活をしている人や、白浜町でアパートを借りて生活を始めた人たちは、そんな場所を失った人たちと言える。ならば、私が、そんな彼らのために最後を迎えられる場所を用意するのは大きなお世話だろうか。私は、彼らに対して「最後まで面倒見るよ」「死ぬまでここにいていいよ」と伝えたいと思うのだ。最後にどこで死を迎えるかは、彼ら自身に任せればいいのだから、ここにあるよ、と場所を用意して待っていればいい。

故郷を離れ、帰る家を持たず、天涯孤独になり、老後を迎えた男性がいる。

夫に先立たれ、孤独と空虚感から、死にたいと故郷を離れ、お金が続く限り旅をして、自殺を図った女性がいる。

白浜で就職して老後を迎え、家族と、親戚とも疎遠になってしまった女性がいる。

「受け入れてもらえますか?」「そこに住まわせてもらえませんか?」との彼らの必要に答えたくて、共同生活に受け入れた。

天涯孤独の男性は、今では、認知症が出始め、ヘルパーが入り、デイサービスに通うようになった。洗濯物干しやトイレ掃除など、できることをしつつも、誰の役にも立たなくなったことを嘆いたり、時々トイレで失敗するのが恥ずかしいと、涙を流す。しかし、これこそ、人との関わりの中で生き、一人の人間として、自尊心をもって生きている証拠ではないだろうか。

自殺を図って助かった女性は、花を育て愛でることが好きだ。共同生活している場所が段々と華やかになってきたのは、彼女のお陰だ。彼女は、来て早々吐血し、入院を余儀なくされた。B型肝炎、動脈瘤、背骨の圧迫骨折など、痛みや不安を抱えながら一人で生きてくる中で、早く死にたい、痛みや不安のない天国に行きたいという思いをもつようになったということだ。

入院中に、住民票を白浜に移し、年金手続きや健康保険の手続きを済ませ、白浜で生活していける状態を整えた。入院中も退院後も「ここにおらせてもらっていいんですか」と時々聞く女性に、私はいつも、「大丈夫、大丈夫。お花は任せた」と言っている。そして、こう続けるのだ「何ができなくなっても、天国まで送ってあげるよ」と。そんな彼女があ

丁寧に手入れされている花々

る時、ポツリと言った言葉が印象に残っている。「ここにいると辛いことも、嫌なこともあるけど、いつも誰かの声が聞こえ、いつも誰かと話しができる」。人との関わりの中でこそ、人は生きることができるんだと改めて思わされた。この女性が、自分らしく最期まで生きていくことができたら、こんな意味のある支援はないだろう。

白浜で老後を迎えた女性は、今は生活保護でアパートで暮らしている。

二〇一八年、彼女はイエス様を自分の救い主と信じ、洗礼を受けた。共同生活をしている時から、自分みたいな者はダメだと言いながら、プライドが高く、お世辞を言いながらも内心は不満がたまる性格を、私に指摘され続けた。なかなか認めることができなかった本当の自分の姿を、今年ようやく認めることができたのだ。そして、死ぬまでに、少しでも悪いところを直して良くなりたいと思うようになったことが、信仰へとつながった。現在七十代。この歳になっても成長していきたいと思えるとしたら、それはすごいことではないか。一人一人がその人らしく生きていける場所、そして、安心して最期を迎えられる場所。これは、建物を建ててできたというものではない。毎日続く営みの中で、結果として出来上がっているものだと思う。今日も、明日も、明後日も、続けていかなければならないものだと思う。

全寮制の学校を1

死にたいと悩む人たちと関わるようになって、いちばん感じてきたことは、幼少期から義務教育期間にかけての環境が、人の人生に大きく影響を与えるということ。そして、転地療法が、一番人生をやり直しやすいということだ。

うちに来た里子たちを見ても、保護してきた九百人以上の人を見ても、過去を引きずらなくてもいい環境に置かれることで、心機一転頑張ることができた。もちろん、保護した人を、もともと生活していた家に帰すことが基本だと考え、家族に迎えにきてもらったり、電車のチケットを渡して帰してきたが、結局うまくいかず、再度保護するケースも多い。生活保護での生活へ戻しても、生活破綻したり、生きる希望につながらないケースをたくさん見てきた。もともとの生活環境が良ければいいが、悪いことも多々あるということだ。

私は、このような経験から、幼少期から義務教育期間までの子どもをどう育てるかが、自殺防止の根本的な解決につながると考えるようになった。家庭を離れて、生活習慣を立て直すため、地域の小学四年の女の子を預かった経験がある。月曜日から金曜日は我が家から学校に行き、土・日曜日は家に帰る。生活訓練に重きを置いた、学習支援を兼ねた活動だ。二年半ほど預かった女の子は、小学校の高学年時代を、家を離れて過ごした。早寝早起きなど規則正しい生活、部屋の片付け、掃除、学習習慣など、家庭で身につけなければならないところを支援した。そして、状況に応じた態度、表情、人と一緒に生きていくために必要な社会性やコミュニケーションを訓練した。現在は家庭に戻っているが、中学三年生になった今も「夜コペ」（中高生向け放課後クラブ）につながっているし、月曜日と木曜日は、夕方うちに来ておやつを食べて塾に行く生活を続けている。これが、生活支援寮「エジソンハウス」構想の原形である。

このような活動をしながら、さらに全寮制の「学校」が必要だと思い始めたきっかけは、公立の学校が、教育的な立場をとれなくなっている現実を見てきたからだ。また、学校と家庭と地域が一致して子育てをするというスローガンは掲げられているが、これも機能不全状態が続いている。理由は、どこも最終的な決断をすることができず、連携しても動けないのだ。子どもを育てていくために、最終的に責任をもつのは親だ。学校は、教科教育と集団教育に関しては責任をもつ。社会資源の活用と見守りという範囲では、地域も学校の援護射撃ができる。

しかし、今、学校現場が抱えている問題は、子どもの家庭の中にあるのだ。親が親になりきれず、育児放棄、放任、虐待などにより、心身共に、年相当に発達してこられなかった子ども。朝食を食べて来ない子ども。夕食を食べていない子ども。ゲーム依存になり昼夜逆転した子ども。離婚と再婚の影響で愛情不足の子ども。これらの問題を、いちばん気づきやすい学校が対処しなければならなくなり、学校は必要に迫られて、規則正しい生活を支援したり、朝食を作って食べさせたり、夏休みの昼食をどうするかと心配しなくてはならない。勉強を教えることに、全力を尽くせない状況なのだ。

地域としては、町内会長をしている私でも、個々の生活に入っていく難しさを痛感している。また、他の行政機関も同じで、どこも家庭に問題がある子どもに対して、親権が邪魔をし、子どものその時々の気持ちが重要視されすぎて、決断できない。そして、対処しなければならないタイミングを逃している。悲惨な結果が出たときに、ニュースで取り上げられ、謝罪会見が行われ、あのとき行動していればと後悔するのだ。

今、「放課後クラブ・コペルくん」の活動で苦労しているのは、基本的なことだ。話を聞くこと。字を書く時の姿勢。算数の途中式を書くこと。九九や筆算。問題を読むこと。しっかり時間をかけて定着させていかなくてはならないことができない。直そうとしても、学校では問題にされず、先生の指導も入らないので、変わらない。提出した宿題は間違っていても花丸がつけられて戻ってくる。浅い理解のまま、もしくはわからないまま学年が上がっていく。また、運動面でも、鉄棒の逆上がりや、逆立ちはおろか、走る姿勢も滅茶苦茶なまま、小学校を卒業する生徒は一人や二人ではない。勉強も運動もある程度できるようになるまで、指導することができないものか。前述した家庭の問題が学校の問題になり、教えることに集中できない学校の弊害が、本来力を入れなければならないところに、出ているということではないか。また行き過ぎた個性の尊重や、本人の気持ちの重視も、先生たちの足かせになっていると思う。

全寮制の学校を２

学校現場に弊害が出ているのはなぜか。私は、人権と責任のバランスが崩れて過剰なケアがなされ、本人の気持ちや考えが尊重され過ぎて、改善されるべきところが改善されないまま放置され、ますます問題が悪化するのを誰も止めることができないからだと思う。つまり、誰も他人の家庭の問題に責任をもって関わることができないということだと思う。例を挙げると、ゲームを止めることができず、昼夜逆転した生活になり、学校に行けなくなった子どもについて、学校、地域、行政が集まってケース会議が何度も行われたことがある。

ゲームを夜中にしていることが問題で、夜中に寝る習慣をつけるように再三親子に対して指導がなされた。しかし、次の話し合いの日時に親が来ない。自宅を訪問しても、親から「子どもが嫌がっている」と拒否される。居留守を使う。これらの状況が続き、子どもも、親も、自分で改善していく力はないと、関係機関は共通認識をもつに至った。

しかし、ここで、手詰まりになる。この後、親の人権、親権、子どもの人権、気持ちが考慮され続けて、子どもの家庭生活が改善される介入はできないまま、定期的に訪問とケース会議が繰り返された。一時保護につなげる、医療につなげる、いろいろ話は出てくるが、親の同意や子どもの同意がないと動けないと、児童相談所は最後の決断ができなかった。

その子を、私が毎朝起こしに行くことになり、一週間、手紙を書いてゲーム機の上に置いた。一日目は、「学校に行きたいと言うあなたを応援する。そのためにはゲームが邪魔をしている。そのゲームを預かろうかと思う」と書いた。二日目は「夜十時にゲームを預かって、朝起きたら取りに来るというのはどうかなあ」と書いた。そしてその内容を母親のケータイにショートメールでも知らせた。その間、私は、「ゲーム機を預かろうと思う」と児童相談所に伝えたが、母親と子どもを納得させてから実行してほしいとのことだった。つまり、批判された時に困るからだ。

私も、できれば事を荒だてたくはない。ちょうど、週末を迎えることになるので、月曜日まで待つことにした。そして月曜日の朝、起こしに行くと、本人が起きて待っていた。

それから三日連続起きていたので、次に私は、学校に行って、給食を食べ、昼休みに遊んで帰ってくるという提案をしてみた。本人がやる、というので、学校の先生に昼前に迎えに来てもらい、久々の登校を果たした。

覚悟を決めて動くか動かないかだ、という人もいると思う。しかし、批判から身を守るためには、責任をもつことができる範囲が狭くなるのは当然で、学校と地域が連携したくても、機能不全になるのだ。

子どもが学校に行った翌日の朝、部屋に行ってみると制服に着替えた子どもがいた。しかし、そこにその子どもの祖母が来て、「もう来んといてください。先生たちに何度も来られたらしんどい。もう疲れた」と子どもに聞こえるように言ったのだ。

その日、子どもは昼前に迎えに来た先生に「しんどい行きたくない」と言って、学校には行かなかった。「何かあったのか」と聞く先生に「あった」とだけ、子どもは返事をしたという。良い方向に動いても、ブレーキがかかる。それも身内から。そして、ちょっと気分を害すると批判される。それを避けるために、人権や本人の気持ちが重要視されるのだ。残念だが、これが現実だ。

全寮制にしたいのは、家庭を離れて訓練する、これしかないと思えるケースを数多く見てきたからだ。子どもをどう育てるか、これは自殺防止の根本的解決につながる一つの方法なのだ。

全寮制の学校を3

家庭の問題に介入できないもう一つの理由に、多様な価値観を認めてきた弊害がある。指導する立場の先生が、指導している生徒に対して「それは間違っている」と指摘しても、「私はそう思わない」と生徒が認めず、そこに親御さんが加わると、どうにも指導できない状況が生まれる。また、親が批判的になり、噂が広がった際、学校は非常に弱い立場に置かれる。アレルギーで同じものが食べられない、などということならわかるが、正当な理由がない場合でも、学校の方針に従うことができない親が出てきた際に、説得しきれなくなるのだ。本来なら、「意見は言って話し合う。しかし、最後は学校に従う」という姿勢が親には必要ではないか。

このような基本的なことが崩れているのは、個々の価値観を尊重し過ぎた弊害だと私は思うのだ。子どもの教育現場では、個性を伸ばそうという動きも重なって、価値観の多様性を認める動きは、善悪の判断をつけづらくしているのではないか。学校というところは、一つの型の中で教育される場所だと思う。一つの型にはめられて初めて個性が育まれると思う。野放しにされた個性は、ただの自我に過ぎず、教育されて初めて善悪の判断が加えられ、魅力ある個性へと成長していくと思うのだ。

さて、生活訓練ができ、教科教育に力を入れることができ、個々の価値観を認めつつ、型にはめることでかえって個性を伸ばす教育ができる場所が、今世の中に必要だと思う私は、もう一つのことを考える。それは、学校を中心とした地域社会の再生だ。もちろん、私は牧師なので、教会を中心とした社会形成を願い活動する者だ。しかし、あえて、社会を巻き込むために、学校を中心とした地域社会実現を目指したい。そこには、外から教職員や生徒として人が集まる。そして、一貫した教育がなされる中、地域社会へと学校が開かれていく。そして、地域ボランティアや職業訓練などを兼ねたプログラムで、生徒たちが地域に出ていく。全寮制ならではの、地域社会再生型の学校だ。もちろん、私が牧師なので、キリスト教主義学校になる。礼拝も行う。今まで取り組んできたフードバンクでの生活支援やお年寄りの見守り活動は、生徒たちが行い、学習支援活動も地域の子どもたち相手にできる。今までの学校の枠組みにとらわれない活動を、学校の教育活動として行いたいと思うのだ。

学区制に縛られている公立の学校では、過疎化が進む田舎の高齢化と少子化の影響で、生徒が減り、統廃合が進んでいる。しかし、私立には学区制はない。魅力ある学校ができれば、社会に周知してもらえれば、全国から生徒が集まることになる。ここが私立の強みであり、キリスト教主義学校の強みだと思うのだ。賛同してくれる人が一人でも多くいてくれたら幸いなことだと思う。

神様の御心を求めながら、御心なら実現すると信じて取り組みたいと思う。

中高生が集まる「夜コペ」

数学、英語担当は妻の亜由美さん

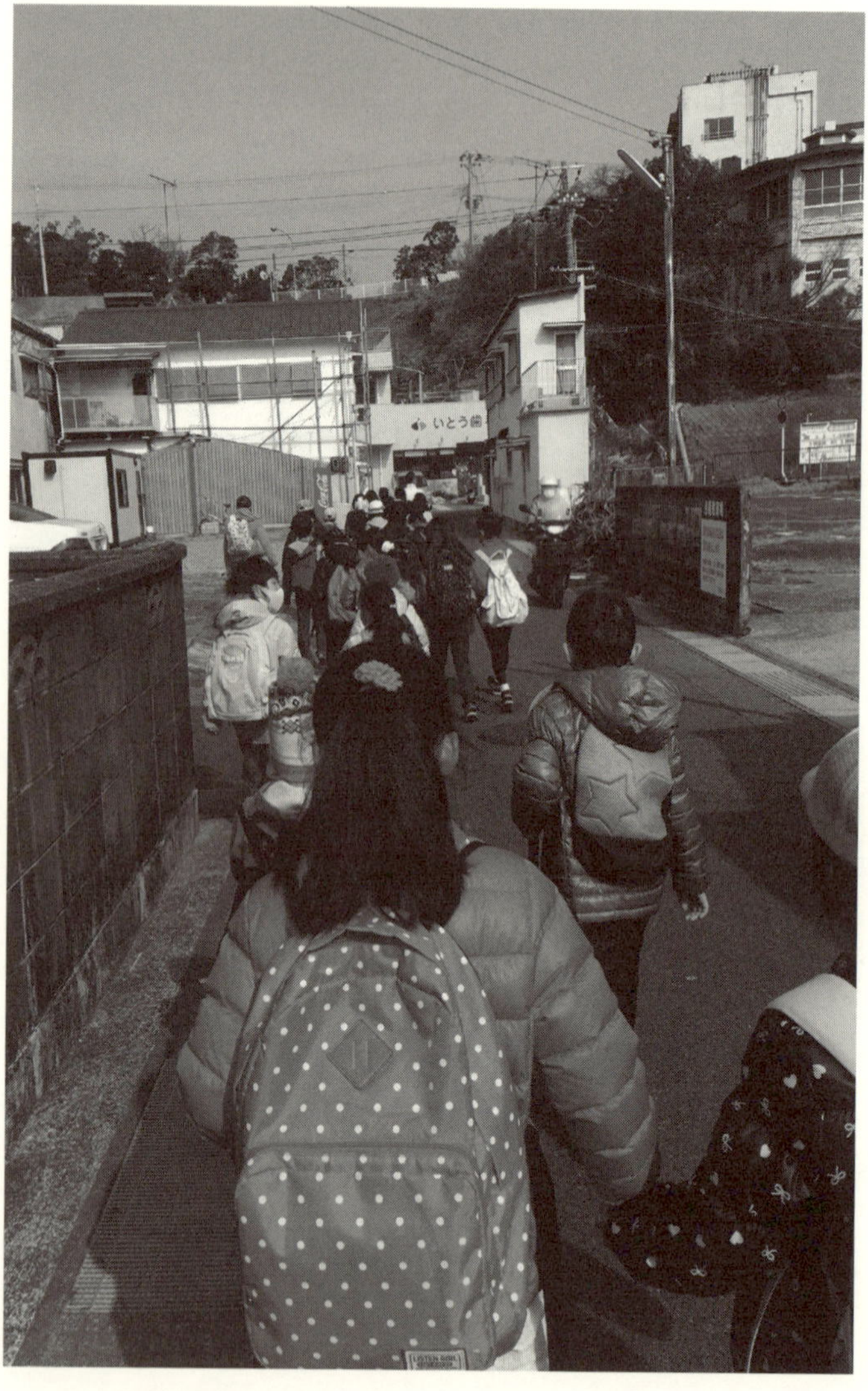
いとう歯

第六章

あなたを諦めない

あなたにもできることがある〜ただそばにいるだけで

はじめの頃も、今も変わらず、三段壁に保護に向かって本人と出会っても、ほとんど話をしてもらえず、こちらからの話もほとんど聞いてもらえないことがある。でも、そこで私が取る方法は、そばにいること。それだけだ。一緒に寒さを感じ、一緒に暗い中で星を見上げたり、波の音を聞いたりしながら、時々話しかけてみる。反応してくれなかったら朝まででもそばにいることをやめない。そしたら、「来てくれてありがとうございます」「迷惑かけてすみません」と、心を開いてくれる場合もあり、「もう帰っていいですよ」「風邪ひきますよ」「もう大丈夫ですから帰ってください」と、嫌がられたり迷惑がられたりする場合もある。朝まで全く口を聞いてくれない場合もある。しかし、反応のない自殺志願者に対して私ができる基本中の基本はそばにいることなのだ。関わる覚悟を決めながら、そばにいることをやめないこと以外にできることはないだろう。

もしも、助けたい人がいるなら、その人の状況の深刻さにかかわらず、定期的にそばにいる時間をもとう。それが基本。もしもの場合に備えて、警察を呼ぶ、信頼できる助け手を呼ぶ、自分一人で抱え込まないということも準備しておくといいだろう。

あなたにもできることがある～ただ本当の話と信じて聞くだけで

次に考えたいことは、とにかく信じて話を最後まで聞くことだ。このとき、大切なのはその人に関心をもてるかどうかだ。関心をもてば、質問も出てくる。最後まで話を聞くことが可能になるのだ。自分に合う合わない、得意不得意も、好き嫌いも、第一印象で感じるところだと思う。印象が悪いと、関わる気力に影響する。早く話を終わらせてしまいたくなる。安易に結論を出して、方向性を決めて解決させてしまいたくなる。しかし、これではその人の助けにはほとんどなれない。

もしも、相談があるんだと、人が自分を訪ねてきたとしたらどうだろう。その場合、自分は、その人にとって秘密を打ち明けてもいい信頼できる相手として選ばれたということだと理解してほしい。自分が誰にも話せないと悩むことを抱えきれなくなって相談しようと思ったら、誰に相談するだろうか。悩みに悩んでこの人と思う人に相談するだろう。だから、相談をしに来た人がどんな人でも、関心をもつことを心がけよう。そして、とにかく最後まで話を聞くこと。それも、本当の話と信じて聞くこと。もしも、最後まで話を聞く時間がない場合は、最初に伝えること。例えば、三十分しか時間がないとか、次の予定が何時から入っていると伝えることだ。できるなら、別の日にしっかり時間をとって話を聞いてもらえたらと思う。最後まで真剣に聞くことができたら、相手は最後まで話せた安堵感と、知ってもらえた安心感でホッとするだろう。「最後まで聞いてくれてありがとうございます」「ちょっとスッキリしました」。そう言ってもらえたら、こっちもうれしくなるものだ。

もしも、相談を受けて、話を聞いたけど、どうしていいか答えがないとき、一人で抱えこまないでほしい。自分にとって信頼できる人を紹介しよう。自分も一緒に、その人を訪ねて共に相談にのってもらうといいだろう。一人で難しければ二人で、二人でも解決できなければ、信頼できる仲間を広げていく。そうやって支援の輪を広げていくイメージだ。そして、医療機関や行政など専門機関につないでいくことも大切だ。

あなたにもできることがある～関係を作る

三段壁で保護して共同生活に受け入れていく際に、私は必ず小さな約束を繰り返し、信頼関係を作っていく。例えば、夜、保護して帰ってきたら、次の日の朝の約束をする。起こす時間や朝ご飯のことなど。そして朝ご飯のときに昼の約束をする。散歩に出掛けたりするときは、必ず置き手紙をしてほしいということや、何時から話をしようなど、約束をしては約束を果たすことを互いに繰り返すことで、人となりなどもわかり、安心できるようになっていく。

「うれしい」「つらい」「ありがとう」「ごめん」などのことばがけを意識してしっかり伝えることも、関係を作っていくために大切だ。例を挙げるとこんな感じだ。

保護して帰ってきてから次の日の朝、約束通りどこにもいかず部屋にいてくれたことを、私は「ありがとう。いてくれたんだね」と伝える。そして、「ごはん食べられる？」と聞き、「仕事に行ってくるので、次はお昼に会おう。そのとき話ができそうなら、一時間くらいは時間取れるよ」と伝える。

お昼に帰ってきて、部屋で寝ているのを見て、「大丈夫か」と声をかけ、「昼ごはん食べられる?」と聞く。食べられそうなら、ご飯を運んできて食べてもらう。「一時半から話をしよう」ともちかけ、本人が拒絶したら、「話がしたくなったら言ってよ」と伝え、話せそうなら、「じゃあ、一時半に来るね」と伝えて、その準備をする。もしも、どこかに行って行方がわからなくなったら、周辺を探す。見つけた場合、私は心から心配したことを伝え、見つかって良かったと何度も言うだろう。この延長線上に、個々の悩みや抱えている問題の解決に向けた寄り添いがある。

あなたにもできることがある〜覚えてもらうという支援

関係を作っていければ、指導することも可能になる。例えば、夜中に何度も電話をかけて、拒否され、「どこも出てくれない」と言うその人に対して、「それはそうだよ。誰だって夜中に電話を受けるのはつらいよ」「僕も、できれば明日の朝に掛け直してもらったほうが助かる」と伝える。夜は十一時までにしてとか、朝は九時以降にしてとか、常連さんには聞く耳をもってもらえるようにするということだ。

悩みを抱えている人は、時に非常識だと感じさせてしまう弱さをもっている。どうしても余裕がなく、苦しい時に助けてほしいので、自分の都合が優先される。仕方がないことだと思う。しかし、それでは嫌われることも事実で、避けられてしまうことになる。

相談を受ける側も、受け入れなくてはいけないとわかっていても、体力的にも気力でも限界を超えて働けるわけがない。だからこそ、しっかり対応できる間に、相談者と正直に付き合うことだ。困ることを困ると伝えられることが、相談をする側にとっても受ける側にとっても、大切な関係づくりになるということなのだ。

あなたにもできることがある〜手を差し伸べる勇気

六十五歳の男性は、三段壁で三日間、トイレの水だけを飲んで、死ぬことだけ考えて絶壁のところに座り続けた。しかし、死ぬ決心のつかない彼は、すでに一銭のお金も残っておらず、途方にくれていた。もう野たれ死のうと考えていた四日目の夜、数人の若い女の子たちが前を通り過ぎ、何を思ったか一人の女の子が戻ってきて、彼に二千円を手渡し、「馬鹿なこと考えたらあかんよ。死んだらあかんよ」と言ったそうだ。彼は、そのお金でご飯を食べ、元気を取り戻し、うちに電話をかけてきた。彼は、この女の子のことを、死ぬ間際まで何度も私に話してくれ、「彼女のおかげで今がある」「この十年生きてきて良かった」と言ったのだ。彼女のほうではそこまでのことを考えていたわけではないだろうが、彼はこの女の子のしてくれたことを、一生忘れなかったのだ。

ずっとそばにいなくても、ずっと助け手として手を貸し続けなくても、この男性の人生に転機を与えたのは、たった一度声をかけ、できる範囲の助けを差し出した勇気だったのだ。困っていそうな人がいたら声をかけてあげようと思えたら、それは立派な自殺防止の働きにつながるということだ。

この男性は、保護された後、九か月の共同生活を経て、ホテルのナイトフロントに勤務し七年間働いた。脳梗塞で倒れてからも、三年間、療養生活ではあったが、白浜でできた友人たちと共に充実した生活を送った。白浜に来て十年たつ頃、大腸に癌が見つかり、精密検査をしたところ、肝臓にも癌が転移し、体の八〇パーセントが癌に冒されていることがわかった。余命二週間と言われ、私たち家族は、それから毎日病室を訪ね思い出話をした。そんな中、男性が言った。「自分は、本当は捨ててきた家族に赦してもらいたい」と。もう会いにいく体力はない。連絡も取れない。私は男性に「家族に赦してもらうチャンスは得られなかったけど、神様は赦してくれるよ」と伝え、イエス様の十字架があなたの罪を全部背負って神様の裁きを受けてくれたことを話し、「信じるか」と聞いた。男性はこの時、信仰告白を行い、病床洗礼を受け、数日後に平安のうちに天に召された。

境遇が違っても

誰だって「この世に生まれたい、人間として生きたい」と、自分で望んで生まれてきた人はいない。物心ついた時には、国も地域も周りの大人も近所の人々も決まっていた。大きくなって、周りの友達のこともわかってくると、「こんな家に生まれてくるんじゃなかった」「なんでこんな親のところに生まれてきたんだろう」「お金持ちの家はいいなあ」

「自由にさせてもらえる家はいいなあ」と、他と比べて自分の境遇に疑問や不満をもつことがあっても不思議ではない。

「社会は不条理や不平等に満ちている」。もしもこの理解だけで世の中や自分を見つめ、これ以上の理解に進まなかったら、自分の外に問題があるとして反発し、自分の内側、心のもちようや理解のしかたには問題を感じないまま大人になるのではないだろうか。

生まれてきた環境に不平等があると言われたら、確かにそういう面はある。私は飢餓で死んでいく子どもたちを見たとき、彼らは何のために生まれてきたのかと疑問をもった。あの国のあの地域に生まれたお陰で、生後間もなく死んでいくのだ。普通にご飯を食べて、大きくなって、心身ともに成長していく可能性が初めから低いのだ。これを不平等と言われればそうだ。

しかし、現地の人は一生懸命生きようとしている。絶望の中で希望を見いだそうとしている。もう死んだほうがマシだと諦めたりせず、外国からの支援を求めて、それを受け、打開しようとしている。

私も小さかった頃は、テレビに出てくる芸能人を見ては「楽しそうでいいなあ」「芸能人の二世はいいなあ。初めから道が備えられている」と思っていた。

また、家元と呼ばれる家に生まれた人も、受け継ぐものがあるので羨ましかった。しかし、今は現実を知り、彼らの苦労や悩みを想像できるようになった。家や芸を継ぐとは、本当に努力のいることだということ、一般人には計り知れない厳しい目が向けられているということ。一般的な同級生の間でも、お寺の和尚さんの子ども、学校の先生の子ども、警察官の子どもなどなど、親の職業によっては、子どもが背負う責任の大きさは違ってくる。

つまり、境遇の違いはいろいろあるけど、境遇の違いで味わう苦労もいろいろあるということだ。生きるという方向がブレなければ、人それぞれ、置かれたところに応じて苦労があるのだ。自分の境遇を不平等だというよりも、いかに生きるか、何を目指すかが大事だということだ。生きるための命は、平等に与えられている。そして、少なくとも日本では教育の機会も平等に与えられている。自分にないものを見て不満をためて諦めるか、与えられているものをフルに使って未来を切り開くかは、自分にかかっている。

影響力

小学校三年生の時に、同級生が白血病を患い、この世を去った。私はその時、クラスで担任の先生が、泣きながら報告してくれたのを鮮明に覚えている。その姿を見て、私も、クラスメートが死ぬということを実感したのだ。この同級生の死と「みんなは、私より先に死んだらあかんで」という担任の先生の言葉が、今も私の心に残り続けている。本来、何事もなければ、一緒に老後を迎えて、順番に死んでいくはずなのに、不慮の事故や突然の病気などで死が早まると、その喪失感は計り知れない。それが自殺ならば、尚更ではないか。もしも、自殺で人が死ぬと、その人の周りにいた人々は、必ず自分を責めることになる。なぜ、気づいてあげられなかったのか。あの時こうしていればよかった。なんでこんなことになってしまったのかと、後悔しても後悔し切れない思いに、苦しむことになるのだ。

私は、よく相談者から「自分が死んでも誰も悲しまない」「自分がいなくなっても誰も気づきもしない」と聞かされる。しかし、身寄りのない人であったとしても、それまでの人生で、人との関わりが全くなかった人はいない。それまで疎遠になっていた人でさえ、ショックを受けるものなのだ。

時々報じられる自殺のニュースは、全く関係のない人にも影響を与える。同じような自殺が続くこともある。自分も、と思う人には後押しになり、さらなる悲劇を生む。連鎖していくものなのだ。家族の中で自殺が起こると、その家族の中から自殺が起こる確率は、高くなる。職場や学校、クラスなど、群れの中から自殺が起こっても同じだ。何パーセント上がるかの具体的な資料はないが、これは私の経験上、言い切れる。自殺という道が、その群れの中で否定できない道として開かれると感じる。人に真似してもらいたいわけではないし、自分だけの問題のはずの自殺という選択が、周りへと連鎖し、さらなる自殺を生み出すとしたら、それは決して望んでいた結果ではないのではないか。残る人々を苦しめるとしたら、それも望んではいないと思うのだ。

自殺は、自分も周りも幸せになる選択ではないということ。私は自ら命を断とうと悩んでいる一人一人に、この事実をわかってもらいたいと考えている。

意味があって生まれてきた

望んで生まれてきたわけではないとしたら、私たちは自然の成り行きで、偶然にこの世に誕生したのだろうか。昔、自分の存在の理由を知りたくて「自分探しの旅に出る」ことが流行ったことがあった。今でも、時々そんな話を聞く。誰でも、自分が何者で、自分は何をする人かと思い悩む時期があると思うのだ。しかし、どれだけの人が、この答えをもって、仕事に就き、家庭を築き、生きているだろうか。自分はこの時のために生まれてきたんだと思える瞬間を経験できたら、そんな素晴らしいことはないだろう。

しかし、果たして、人生のうちで何度そんな経験があるのだろうか。私は時々、ドラマや映画が終わった後、この後、主人公たちはどんな人生を歩むのだろうと考える。すごいとしか言いようのない瞬間を共有した主人公たちが、平凡な生活に戻った時を想像しながら、宿命とか、使命とか、日常的に、普通に使ったり感じたりするだろうかと考えさせられるのだ。私たちの人生は、宿命や使命を意識し背負い生きなければ、生きるべき道を生きていない人生とされてしまうのだろうか。私は、そうは思わない。きっと人生の選択を迫られ悩み考えるときに、その時々の自分の立場や役割を判断し、最善を選ぼうとすることで、人々の中での自分という存在をつくりあげていくことになると思うのだ。つまり、人は、人との関係性の中で自分の存在価値を見いだすことになるということだ。

私は牧師として、この現実に、一つの聖書的理解を加えたい。創造主なる神様は、地のちりで人を形造り、いのちの息を吹き込んで、生きるものとされた。その時、神様は、ご自身が創造した被造物すべてを素晴らしい状態に保つためにケアする役割を人間に与えたのだ。そして人間同士もお互いをケアするために男と女に造られた。私はこの事実から、意味もなく生まれてきた人は一人もいないと伝えたい。望まれなかった子、愛されず虐待されて育った子も含めて、人間の罪のせいで本来の祝福された生（いのち）を感じることのできなかった過去をもつ人にも伝えたい。

皆、この世界に必要な存在なのだ。それが味わえなかったのは罪深い人間の所為だと。

神様はそれでもあなたを愛しておられると。

軽く言いたくはないが、私は自分が苦しんだことはよくわかり、相談を受ける時でもその相手を理解するために役立っている。しかし、味わったことのない苦しみは想像がつかず、驚き唖然とし、ただただ受け止めるしかできない。いや受け止めきれていないと言われてもしかたがない時もある。だからこそ、苦しみを知った者は、同じように苦しむ人の力になれる。

私は、神様の御心を全部知ることはできないが、死にたいとまで悩む人を助け、その人が元気になったら、今度は同じように苦しんでいる人を一緒に助けようと励ます。必ず生まれてきたことには意味があるのだと信じてもらいたいからだ。また、NHKドキュメンタリー「シリーズ　人体　神秘の巨大ネットワーク」という番組の話を聞いて驚いたのは、各臓器や筋肉や血液は、お互いに生きていくために必要な情報を発信し合っているということだ。

神様から、いのちの息を吹き込まれた人間は、その細胞に至るまでお互いをケアし助け合って生きているのだ。生きるという一点に向かって、すべての細胞が一致し、動いている。これは神様の愛が、いのちが、私たちの体に実現していると言えるのではないか。生きることをこの体が求めて一生懸命助け合っているのだ。生きること！　それが神様の御心なのだ。

おわりに

一九九九年に白浜バプテスト基督教会の牧師になって二十年。この節目にこの本が出版され、ドキュメンタリー映画「牧師といのちの崖」（二〇一九年）が公開されたことは本当に感謝なことだと思う。私たちの活動がモデルになり、「曙光」（二〇一八年）というフィクションの映画が公開されたのも、大きな区切りの時となった。

恩師の故江見太郎牧師は、一九七九年四月から一九九九年三月までの二十年間、三段壁における「いのちの電話」活動をされた。若く始めることができた私は、さらに十年、二十年と続けていくことができるだろうか。

二〇一九年、神様からの新たな幻を具体化するチャレンジがスタートする。まずは寮だ。この寮が念願の、全寮制の学校へとどう成長していくのか、どこまで神様が私に任せてくださるか楽しみだ。あと十四年、まずは六十歳まで頑張ってみよう。

そして、これからの課題は、江見先生から受け継いだ信仰とビジョンを次へと継承していくことだ。これまで、ビジョンを共有して共に働いてくれた古畑普さんは、結婚して牧師夫人になることになり、二〇一六年から二年間働いてくれた安達世羽くんは、牧師になるべく、結婚して、神学校へ進んだ。次は誰がやってくるのだろうか。教会やNPO、「まちなかキッチン」、「放課後クラブコペルくん」、「はじめ人間自然塾」、これから始める学校と、別々に継いでもらう形を模索している。

「すると、ペテロは言った。『金銀は私にはない。しかし、私にあるものをあげよう。ナザレのイエス・キリストの名によって立ち上がり、歩きなさい。』」(使徒の働き三章六節)

小学生の頃からこの聖書の言葉を握ってここまで来た。これからも、イエス様の名によって歩んでいく私でありたい。

実は、私には神様からの幻とは言えない夢がある。それは本屋と万年筆屋さんがくっついたカフェを開くこと。そこで、美味しいコーヒーを淹れ、好きな万年筆の試し書きをさせ、ゆっくり本を読みたい人には自由にしてもらう、そんな空間を作りたい。これは私の願っていることであって、神様の御心だとは今は言えないが、させてもらえないだろうかと心の中では思っている。老後のぜいたくな楽しみかな。

藤藪 庸一

二〇一八年十二月

＊本書は、月刊「百万人の福音」の連載「いのちの砦」(2013年1月号～2015年12月号)に掲載された内容に修正・加筆し、一冊にまとめたものです。

あなたを諦めない
自殺救済の現場から

2019年3月1日発行
2019年4月10日再刷

著者　藤藪 庸一

装丁　桂川 潤
写真　酒井 羊一(表紙,1,4,10,17上,31,54,97下,140,161,173頁)

発行　いのちのことば社フォレストブックス
〒164-0001　東京都中野区中野2-1-5
編集　Tel.03-5341-6924
営業　Tel.03-5341-6920
　　　Fax.03-5341-6921

印刷・製本　シナノ印刷株式会社

ISBN978-4-264-04013-2